KB211093

리더여, 사자의 심장을 가져라

리더여, 사자의 심장을 가져라

지은이 | 한홍
초판발행 | 2004. 3. 8.
43쇄발행 | 2021. 1. 17.
등록번호 | 제3-203호
등록된 곳 | 서울시 용산구 서빙고로 65길 38
발행처 | 사단법인 두란노서원
영업부 | 2078-3333 FAX 080-749-3705
출판부 | 2078-3477
인쇄처 | 아트프린팅

▌책값은 뒤표지에 있습니다.
ISBN 89-531-0394-0 03230

▌독자의 의견을 기다립니다.
tpress@tyrannus.co.kr http://www.Durano.com

비전&리더십 20

리더여, 사자의 심장을 가져라

한홍 지음

두란노

Contents

도전하는 리더 PART **II**

비전을 완성하는 리더 　PART Ⅲ

이 시대는 **사자의 심장을 가진 리더**가 필요하다!

사내아이라면 누구나 한 번쯤은 자라면서 영웅(英雄)들
의 꿈을 꾼다. 요즘처럼 PC 게임도, 비싼 전자 장난감도 없던 시절, 나
무판자를 잘라서 만든 장난감 칼을 들고, 개구쟁이 친구들과 함께 뒷
동산에 올라가 바위 위에 앉아 눈을 감는다. 그리고 이야기책 속에 나
오는 아득한 전설의 시대로 빨려 든다.

광활한 들판 위를 가득 메운 엄청난 수의 병사들의 함성소리, 말과
전차들이 앞다퉈 힘차게 달리는 소리, 그리고 선봉에 서서 호령하는
장군의 모습. 그는 페르시아 대군을 격퇴하는 알렉산더 대제였고, 트
로이를 공략하는 오디세우스였으며, 중원을 호령하던 광개토 대왕이
었다. 아니, 나의 영웅은 그 누구보다 항상 절대 불리한 상황에서 기적
의 승리를 일궈 내는 불굴의 초인(超人)이었다. 살수 대첩에서 백만 수
나라 대군을 물리친 을지문덕이었고, 명량 해전에서 단 12척의 배로

수백 대의 왜(倭) 함대를 패퇴시킨 이순신이었다. 이들에게는 공통점이 있었다. 포악한 강자 앞에서는 태산같이 담대하나, 연약한 이들을 위해서는 자기 목숨까지도 던지는 정의의 사도들이었던 것이다. 아무도 방해할 수 없는 상상의 나래 속에서 나는 이미 영웅이 되어 대륙을 질주했고, 바다를 가르곤 했다.

현실의 나는 어리고 약하며 가난했기 때문에 그런 상상의 세계를 통해서나마 강해지고 하늘 높이 비상하고 싶었는지도 모른다. 그러나 시간은 흘러 나는 어느새 어른이 되었고, 어렸을 때는 그토록 완벽하다고 생각했던 영웅들의 다른 모습들에 대해서도 알게 되었다. 전설은 그 안개가 걷히고 실체가 드러나면 더 이상 신비로운 천설이 아니다. 그러나 하나님을 믿고 난 뒤 꿀맛과도 같은 성경책을 읽어 나가던 어느 날, 나는 구약 성경 한가운데서 전혀 새로운 영웅을 만났다. 그가 바로 3,500여 년 전 가나안 정복 전쟁을 수행했던 여호수아였다. 그는 분명 용맹한 장군이었지만, 내가 어린 시절 흠모하던 영웅들과는 다른 그 이상의 뭔가가 있었다. 아직 내 신앙의 깊이가 너무 얕던 시절, 나는 그것이 무엇인지 정확히 알지 못했다.

2002년 여름. 대선(大選)을 눈앞에 두고 과연 우리가 필요로 하는 지도자는 어떤 사람이어야 하는지의 문제를 놓고 온 나라가 용광로처럼 끓어오르던 바로 그때, 온누리 교회 열린 예배를 책임지고 있던 나는 크리스천들에게 성경이 말하는 바른 리더십이 뭔지를 성경을 통해 재조명해 주고 싶었다. 그래서 타는 듯한 목마름을 가지고 창세기부터 성경 전체를 훑어 나가던 내 눈앞에 여호수아라는 인물이 수면 위로

박차 오르는 물고기처럼 다시 나타났다.

정규 군사 훈련이라고는 받아 보지도 못한 노예 출신의 민족을 거느리고, 당시 고대 사회에서 가장 잔인하고 강력한 군대가 버티고 있는 팔레스타인으로 겁 없이 들어온 그 사나이. 그럼에도 불구하고 7년간의 전쟁에서 단 한 번을 제외하고는 패배를 몰랐던 명장(名將). 하지만 역사 속의 모든 정복자들이 가졌던 오만함이 전혀 없었던 사람. 실력이라는 칼과 그것을 절제하는 인격이라는 칼집을 겸비한 지도자. 인생의 순간순간마다 끝없이 하나님의 음성에 귀를 열어 놓고 있었기에, 사자의 심장을 갖고 매진할 수 있었던 깊은 영성과 용기의 사람. 그에게서 나는 전율에 가까운 감동을 느꼈다.

"바로 이거다!" 하며 나는 숨 돌릴 틈도 없이 그해 가을의 설교 주제를 여호수아 리더십으로 잡았다. 그리고 3개월 동안 나와 2천 명의 열린 예배 청중은 마치 타임머신을 타고 과거로 빨려 들어가듯 숨 막히는 길을 달렸다. 당시에는 이 메시지를 책으로 내겠다는 생각은 꿈에도 하지 못했다. 하지만 최근 온 나라가 너무나 큰 총체적 절망감에 빠져 있는 것을 보면서, 나는 이 땅의 모든 리더에게 조금이나마 용기를 심어 줘야 한다고 생각했다.

실패보다 더 무서운 것은 실패 앞에서의 좌절이다. 세상 사람들은 다 포기하고 절망해도 하나님의 사람들은 그래서는 안 된다. 그럴 필요도 없다. 아무리 다른 부분이 고장 나도, 엔진만 살아 있으면 차(車)는 고쳐 쓸 수 있다. 하나님은 우리 인생의 영원히 꺼지지 않는 엔진이시다. 그 하나님을 붙들고 불가능한 도전 앞에서도 결코 포기하거나 후퇴하지 않는 사자 같은 용기를 우리는 여호수아에게서 배워야 한다.

리더인 당신이 흔들리지 않아야 당신을 바라보고 따르는 사람들도 희망과 용기를 가질 수 있기 때문이다.

부족한 나의 책을 펴내 준 두란노서원 식구들의 노고에 다시 한 번 감사드린다. 또, 내가 포기하고 절망하려 할 때마다 내게 희망과 격려를 준 사랑하는 가족들에게 고마움을 표하고 싶다. 그리고 열악한 목회 일선에서도 포기하지 않고 의연히 사역하시는 모든 개척 교회의 목사님들에게 이 책을 바친다.

2004년 3월

온누리 교회 양재성전(햇불회관)에서

한 홍

순종하는
리더

" 여호수아 리더십의 파워는 무모한 모험이 아니라
철저히 말씀에 뿌리 내린 용기 있는 순종이다. "

하나님 말씀을 들으라

여호수아 1:1-9

1945년 4월 12일, 제2차 세계대전이 막바지로 치닫던 무렵 미국인들은 믿기 어려운 뉴스를 듣고 심한 충격에 빠지고 말았다. 제 32대 대통령 프랭클린 D. 루스벨트가 갑작스럽게 사망했다는 소식이었다. 그런데 누구보다 충격과 두려움에 사로잡힌 한 사람이 있었다. 그는 바로 그의 뒤를 이어 33대 대통령으로 취임해야 했던 부통령 해리 트루먼이었다. 미주리 주 시골 출신의 트루먼은 하루아침에 자신이 거인 루스벨트의 공백을 메워야 하는 자리에 서게 된 사실을 쉽게 받아들일 수가 없었다. 루스벨트는 당시 미국에서 거의 신화와 같은 존재였다. 미 역사상 처음으로 12년간 3회 연속 대통령 자리에 올랐던 그의 존재는 미국인들에게 있어서 가히 절대적이었다.

1929년부터 시작된 사상 최대의 경제 대공황으로 미국인들은 모두 극심한 고통과 절망 가운데 빠져 있었다. 대통령이 된 그는 국민들에게 "우리가 두려워해야 할 것은 두려움 그 자체일 뿐이다"라고 자신 있게 외쳤다. 그리고는 곧 과감한 뉴딜 정책으로 수많은 실업자들을 구제하며 나라 경제를 기사회생시켰다. 소아마비와 싸우면서도 늘 웃음을 잃지 않았던 그는 연합국의 핵심 수뇌로서 나치 독일과 일본 군국주의와의 전쟁을 두려움 없이 밀어붙였던 탁월한 지도자였다. 미국인들은 다른 인물이 백악관에 앉는다는 사실은 상상도 못할 정도로, 루스벨트는 온 국민의 사랑과 존경을 한 몸에 받던 인물이었다.

그런 루스벨트의 뒤를 이어, 아직 끝나지 않은 세계 전쟁의 와중에서 나라를 이끌어야 했던 후계자 해리 트루먼의 부담이 얼마나 컸겠는가? 트루먼은 당시 기자들에게 이렇게 말했다고 한다. "하늘의 달과 별들과 모든 행성들이 나에게 떨어지는 것 같았습니다. 여러분, 만약 일생에 한 번이라도 기도한다면, 지금 나를 위해 기도해 주십시오."

너무나 위대했던 전임자의 뒤를 잇는다는 것은 그 자체로 엄청난 심적 스트레스임에 틀림없다. 이런 일은 리더의 삶 속에 언제나 일어날 수 있는 일이다. 성경에 그런 지도자의 이야기가 나온다. 바로 전무후무한 지도자 모세의 뒤를 이은 여호수아다. 우리는 그의 리더십을 통해 어떻게 그런 상황을 뚫고 비전을 이룰 수 있는지 배울 수 있다.

리더를 준비하시는 하나님의 계획

여호수아 1장 1절은 '모세가 죽은 후에' 라는 말로 시작한다. 모세가 어떤 사람인가? 기원전 1446년, 애굽 제국의 억압 속에 노예 생활을 하고 있던 이스라엘 백성 2백만여 명을 지팡이 하나 들고 탈출시킨 사람이다. 그것도 애굽 역사상 가장 무서운 정복자로 알려진 람세스 2세의 통치하에서 말이다. 당시 팔십의 나이였음에도 불구하고, 하나님은 모세가 기도할 때마다 엄청난 능력을 부어 주셨다. 홍해 바다가 갈라지고, 애굽 전차대가 몽땅 물에 빠져 몰살되는 순간 그 능력은 극에 달했다.

그 후 40년 동안 광야를 방황하는 동안, 2백만 명이 넘는 이스라엘 백성들은 오직 모세의 리더십 하나에 의지했다. 풀 한 포기 안 나오는 광야에서 배불리 먹고 마시며, 무서운 이방 민족들의 습격에서도 살아남을 수 있었다. 모세가 바위를 치며 기도하면 물이 쏟아져 나왔고, 다른 민족과 싸울 때 그가 지팡이를 들고 있으면 백전백승했다. 백성들과 하나님 사이에 선 절대적인 지도자, 그가 바로 모세였다. 모세보다 40살 아래인 여호수아는 하나님이 모세를 통해 행하신 위대한 일들을 하나도 남김없이 현장에서 목격했다.

그런데 광야에서의 40년 방황 생활이 끝나고 마침내 약속의 땅 가나안으로 들어가기 바로 직전, 전설의 지도자 모세가 죽은 것이다. 그리고 후계자 리더로서 여호수아가 등장하여 그 막중한 책임을 감당하게 된 것이다.

하나님 말씀을 들으라

사람은 바뀌어도 비전은 계속된다 본문에서 2절을 보면 하나님은 너무 간단하게 말씀하시는 듯한 느낌이다. "내 종 모세가 죽었으니 이제 너(여호수아)는 일어나 이 요단을 건너 내가 그들 곧 이스라엘 자손에게 주는 땅으로 가라." 그 누구도 흉내 낼 수 없는 카리스마로 40여 년 동안이나 백성들을 이끌었던 위대한 지도자 모세의 죽음은 아마 백성들에게 청천벽력과도 같았을 것이다. "아, 이젠 어떡하나? 이거 큰일 났네. 모세 없이 어떻게 하나? 이제 우리 다 죽는 것 아닌가?" 그들에게는 정말이지 큰 사태가 벌어진 것이다. 그러나 하나님은 그저 이렇게 말씀하신다. "모세가 죽었다. 이제 새로운 리더가 일어나서 계속 내가 준 리더십의 사명을 이어 가면 된다."

모세가 아무리 위대해도, 하나님의 시각에서는 한정된 생명을 가진 한 인간일 뿐이다. 진시황은 영원히 살기 위해 불로장생하는 약을 찾아 한국까지 사람을 보냈고, 엘리자베스 여왕은 병상에서 자신의 생명을 조금이라도 연장시켜 주는 사람에게는 대영제국의 절반이라도 주겠다고 흐느꼈지만 결국은 모두 한 줌의 흙으로 돌아가고 말았다. 인간은 영원히 살 수 없고, 반드시 그 인생의 끝이 온다. 이 한계를 아는 것이 리더십의 첫 단계다. 무대에 올라갈 때는 반드시 언젠가는 내려와야 한다는 것을 기억해야 한다. 끝이 있음을 아는 것은 리더를 겸손하게 만든다. 끝이 있다는 것을 인정하지 않는 리더는 결국 추해진다.

중요한 것은, 사람은 바뀌어도 하나님의 비전은 계속된다는 것이다. 모세는 죽었지만, 하나님이 모세를 통해 이스라엘 민족에게 주어졌던 비전, 곧 노예의 땅 애굽을 떠나 젖과 꿀이 흐르는 가나안 땅을 정복하여 그 땅의 주인이 될 것이라는 꿈은 계속되었다. 리더가 할 수 있는 가장 이기적인 행동은, 자신이 사라지면 그 공동체가 휘청거리고 비전이 무너져 내릴 정도로 자신에게만 모든 것을 의지하게 만들어 놓는 일이다. 정말 공동체를 위해 헌신하는 리더라면, 자신이 없더라도 그 공동체가 주어진 비전을 훌륭히 감당해 나갈 수 있도록 미리 준비해 놓아야 할 것이다.

하나님이 모세에게 주신 사명과 여호수아에게 주신 사명은 분명히 달랐다. 모세에게 주어진 하나님의 사명은 애굽에서 종살이하던 사람들을 탈출시켜 광야를 거쳐, 약속의 땅 앞까지 데려가는 것이었다. 그러나 여호수아에게 주어진 사명은 그 약속의 땅으로 들어가서 거기에 살고 있는 이방 족속들을 몰아내고 그 땅을 점령하는 일이었다. 두 가지 사명 모두 어려운 일이고, 하나님의 일이었지만 분명히 다른 성질의 것이었다.

사람은 사라져도 하나님의 비전은 계속된다. 그렇지만 역사의 큰 그림을 놓고 볼 때 그 비전을 이루는 단계가 각각 다르고, 그것을 감당할 사람도 각각 다르다. 큰 비전의 흐름은 같아도 그것을 성취하는 스타일은 하나님이 각 리더에게 주신 성격과 환경에 따라서 다를 수 있다. 그러므로 리더는 하나님이 맡기신 일을 감당하면서 서로 다른 모습을 비교하거나 열등감을 느낄 필요가 없다. 준비하는 리더가 있으면 정복하는 리더가 있고, 그 후에 그것을 지키는 리더가 있는 법이다. 획일화에 물들어 있는 시대에는 다양화하는 리더가 있고, 그 다음에는 다시 차별화하는 리더가 있

리더가 필요한 단 한 가지 이유는 리더는 팔로워들로 하여금 전진하게 하는 사람이기 때문이다.   -제임스 쿠제스

하나님 말씀을 들으라

게 마련이다. 이것은 옳고 그름의 문제가 아니다. 이들 모두 각 시대에 끊임없이 이어지는 하나님의 비전을 이루기 위해 필요한 존재다.

준비된 사람이 리더가 된다 여호수아는 전무후무한 지도자 모세의 공백을 메우기에는 자신이 너무나 부족함을 깨닫고 두려움에 휩싸였다. 그러나 하나님은 아무런 자격도 없는 사람을 그 막중한 자리에 세우시지 않는다. 여호수아 역시 모세만큼이나 오랜 세월 신중하게 준비된 사람이었다. 구약 성경 출애굽기와 신명기에는 여호수아가 모세 아래에서 어떻게 성장했는지를 보여 주는 부분이 몇 군데 나온다.

그는 40년이나 모세의 스태프로 섬겼던 사람이다. 오랜 시간 동안 훌륭한 지도자 밑에서 철저히 훈련 받은 지도자였던 것이다. 모세가 시내 산에 올라가서 40일이 넘도록 하나님과 독대하여 십계명을 받을 때 함께 수행했던 그는 하나님의 영광을 눈과 귀로 체험한 사람이기도 했다. 또한 여호수아는 애굽 탈출 이후 광야에서 만난 사나운 아말렉 족속과의 싸움에서 이스라엘 백성을 이끌고 승리했던 뛰어난 장군이었다. 용기와 지혜도 뛰어나서 이스라엘 민족을 대표하는 12명의 정탐꾼 가운데 하나로 가나안 땅을 탐색하고 돌아오기도 했다. 그때 다른 정탐꾼들과는 달리 갈렙과 함께, 신장이 장대하고 호전적인 이방 거민들이 사는 가나안 땅도 하나님이 도우시면 문제없이 정복할 수 있음을 굳게 확신했던 믿음의 사람이었다.

하나님은 결코 아무나 지도자로 세우시지 않는다. 그러므로 지도자는 하루아침에 하늘에서 뚝 떨어지는 것이 아니다. 하나님의 세밀한 계획에 따라 훌륭한 지도자 밑에서 미리 훈련 받고 준비되는 것이다.

그런데 이 천하의 여호수아도 막상 위대한 지도자 모세가 죽음으로써 졸지에 그 공백을 메워야 하는 자리에 섰을 때, 정신이 아찔했고 두려움이 먹장같이 몰려왔다. 그런 그에게 하나님이 찾아오셨다.

리더가 가장 먼저 넘어야 할 산은 두려움이다 하나님이 여호수아에게 말씀하셨다. "마음을 강하게 하라 담대히 하라"(6절). 이 말은 비슷한 뜻을 지닌 이중적인 히브리 표현으로서 "마음을 흔들림 없이 견고하게 유지하라"는 뜻이다. 이 말씀을 몇 절에 걸쳐 중복하여 강조하신 것으로 보아, 당시 여호수아는 심한 스트레스와 상당한 두려움에 눌려 있었음을 알 수 있다. 하나님은 항상 그 상황에서 우리에게 가장 필요한 말씀을 해 주시는 분이기 때문이다.

겁쟁이나 이중인격자가 아니더라도, 누구든 어렵고 힘든 상황이 오면 마음이 흔들리게 마련이다. 아니, 가장 두려워하지 않을 것 같아 보이는 강한 사람들도 속으로는 두려워하는 경우가 있다. 종교 개혁의 지도자였던 존 캘빈도 "완벽하게 준비된 가장 용감한 사람도 결정적인 순간이 오면 흔들리고 주저하는 경우가 많다"고 말했다. 탁월하기 때문에, 강하고 지혜롭기 때문에, 인생이 그렇게 만만치 않다는 것을 너무나 잘 알기 때문에 오히려 더 두려움에 휩싸이는 경우가 있다.

한번은 세상 경험이 별로 없는 몇 명의 대학생들이 깊은 바다로 항해하는 배를 탔다고 한다. 선장은 아주 경험이 많은 사람이었는데, 어두운 구름이 몰려오며 바람이 거세지자 얼굴에 근심의 빛이 가득했다. 대학생들은 그런 선장의 얼굴을 보며 한바탕 웃으며 놀려 댔다. "뭘 그렇게 겁을 내고 그러십니까? 우린 하나도 두렵지 않아요." 그러자 선장이 한마디 했다. "그래, 그럴 거야. 자네들은 두려움을 감지하기에는 너무 무식하니까." 철없고 뭘 모르는 사람일수록 장애물이나 상대를 우습게 보고, 겁 없이 달려들다가 낭패를 당하기 쉽다. 그러나 진정한 실력과 경험이 있는 사람은 오히려 앞에 놓인 고비와 어려움을 잘 알기에 두려워하는 것이다. 일본의 전설적인 검객 미야모토 무사시가 이런 말을 남길 정도였다. "무인이란 세 살짜리 어린애와 마주 설 때도 몸조심을 해야 한다."

여호수아는 결코 겁쟁이가 아니었다. 40년 전, 젊은 시절에 그는 이미 11명의 무사들과 함께 이미 지금 들어가고자 하는 가나안 땅에 정탐을 갔던 적이 있었다. 그 땅은 워낙 비옥한 곳이어서 노리는 민족들이 많아서 전쟁이 그칠 날이 없었고, 수많은 전쟁을 통해 살아남은 가장 호전적인 족속들이 곳곳을 요새화해 놓고 철통 같은 방어 태세를 갖추고 있었다. 산악 지대는 모두 난공불락의 요새인데다, 들판에는 위협적인 철기 전차를 수없이 보유한 사나운 거인 전사들로 가득했다. 게다가 여호수아는 지금 체계적인 군사 훈련이라곤 받아 본 적이 없는 전직 노예 출신의 이스라엘 백성을 이끌고 가서, 평균 신장이 180cm가 넘는 거대한 체격의 경험 많은 전사들과 싸워야 하는 것이었다.

함께 정탐을 갔었던 다른 10명의 동료들은 도저히 승산이 없다고 두려움에 부들부들 떨었지만, 여호수아와 동료 갈렙만은 싸워 이길 수 있다고 장담했었다. 그러나 그것은 모세가 살아 있을 때의 얘기다. 아마 당시의 여호수아는 하나

> 대부분의 어려운 시기에 한 사람을 리더로 만드는 것은 바로 용기다.
> ─존 맥스웰

님이 함께하시는 지도자 모세를 믿고 그렇게 용감할 수 있었는지도 모른다. 그러나 홍해를 가르고, 바위를 쳐서 물이 나오게 하는 모세의 카리스마 넘치는 리더십이 없어진 상태에서 과연 이 전쟁을 승리로 이끌 수 있을 것인가? 신참 지도자 여호수아는 근심이 가득할 수밖에 없었다. 제 삼자의 입장에 있으면 무엇이든지 할 수 있을 것 같아도, 막상 책임자의 자리에 서게 되면 무엇이든 두렵고 어려워지게 마련이다. 그런 마음을 너무나 잘 아시는 하나님이 여호수아에게 직접 나타나셔서 리더십 임명장을 주며 격려해 주기로 하신 것이다.

리더에게 주신 약속

하나님이 동행하신다 새 지도자가 된 여호수아에게 하나님은 분명히 말씀하셨다. "내가 모세와 함께 있던 것같이 너와 함께 있을 것임이라 내가 너를 떠나지 아니하며 버리지 아니하리니 마음을 강하게 하라 담대히 하라"(5절). 주어진 상황이 힘들다고 두려워할 필요가 없는 것은 하나님이 우리와 함께하시기 때문이다. "내가 모세와 함께 있던 것같이…." 하나님도 여호수아가 전임자 모세 리더십의 위대함 때문에 얼마나 주눅 들어 있는지를 알고 계셨다. 모세는 생전에 놀라운 기적과 많은 업적을 행했다. 그러나 중요한 사실은 그 모든 것은 모세가 한 일이 아니라, 모세를 통해서 하나님이 행하신 일이란 사실이다. 모세가 이룬 모든 기적들은 하나님께 기도함으로써 얻은 응답에 불과했다. 즉 모세의 위대함은 하나님의 위대하심에서 비롯된 것이었다.

하나님은 지금 새 지도자 여호수아에게 "내가 너와 함께하면 너도 모세 이상의 위대한 일을 능히 감당할 수 있다"고 말씀하고 계신다. 그렇다. 문제는 개인의 능력이 아니라 하나님이 과연 함께하시느냐 하는 것이다. 나라의 중요한 요직에 사람을 세울 때 보면 대통령이 직접 불러서 임명을 한다. 여기에는 대통령의 권위가 그를 받쳐 줄 것이라는 의미가 담겨 있다. 만약 임명한 대통령의 권위가 흔들리거나, 혹은 대통령 자리에서 물러난다면 그가 세운 사람의 권위도 함께 무너져버린다. 하지만 영원하신 하나님이 세우신 리더의 권위는 하나님의 권위가 영원불변한 것만큼 결코 흔들림이 없다. 따라서 하나님에 의해 세움 받은 리더는 충분히 자신감을 가질 수 있다. 어떤 특정한 권력의 힘에 의해 리더가 되면 그 권세가들의 눈치를 볼 것이고, 대중의 힘으로 리더가 되면 대중의 눈치를 볼 것이다. 그러나 하나님에 의해 세워졌다는 사실을 안다면 오직 하나님께만 순종하면 된다.

예비된 복이 있다 하나님이 세우신 리더에게 주시는 첫 번째 복은 승리다. "너의 평생에 너를 능히 당할 자 없으리니"(5절). 수많은 적들과 싸우게 될 것이지만 여호수아는 백전백승할 것이라는 말이다. 적이 약해서가 아니라, 하나님이 여호수아를 강하게 해 주실 것이기 때문이다. 우리는 자신이 약하면 항상 적이 얼마나 강한가에 신경을 쓰고 걱정하게 된다. 그러나 자신이 월등히 강하면 어떤 적도 두렵지 않은 법이다.

두 번째 복은 약속의 구체적인 성취다. "내가 모세에게 말한 바와 같이 무릇 너희 발바닥으로 밟는 곳을 내가 다 너희에게 주었노니 곧 광야와 이 레바논에서부터 큰 하수 유브라데에 이르는 헷 족속의 온 땅과 또 해지는 편 대해까지 너희 지경이 되리라"(3-4절). 모세에게 하나님이 약속하셨던 위대한 비전, 곧 기름진 땅 가나안이 이스라엘 백성의 새 보금자리가 되리라던 그 비전은 모세 개인에게 준 것이 아니라 이스라엘 민족 전체에게 주신 약속이라는 것이다. 그러므로 모세는 죽었어도 그 약속은 여전히 유효하다. 그리고 그 약속은 매우 구체적이다. 하나님은 막연하게 땅을 주겠다고 하시지 않고, 지명까지 정확히 거명하며 말씀하신다. 당신을 향한 하나님의 약속은 정확하고 구체적으로 이뤄질 것이다.

리더십이란 결국 하나님이 이미 주신 축복의 열매를 따먹는 것이다. 성숙하지 못한 대부분의 리더는 "내가 무언가 이루었다", "내가 역사의 한 획을 그었다", "무에서 유를 창조했다" 하며 자신의 공로를 내세우고 싶어한다. 그러나 성숙한 리더십은 다르다. 역사의 주체는 내가 아니라 하나님임을 인정하는 것이다. 내가 이루는 모든 것은 하나님의 은혜의 선물이다. 나의 지혜, 동역자, 돈, 조직, 노하우를 비롯한 그 이외의 모든 것이 다 하나님의 선물이다. 내가 맞게 될 미지의 미래도 다 하나님이 준비해 놓으셨기에 두렵지 않다. 그러므로 하나님께 사로잡힌 리더는 두려움을 버리고 늘 감사하고, 겸손해야 한다.

리더를 향한 당부

여호수아가 무언가를 준비하기 전에 이미 그의 성공은 예기되어 있었다. 하나님은 그에게 승리를 주려고 미리 준비해 두셨다. 그러나 아무리 공짜로 선물을 준다 해도 그것을 담을 그릇이 준비되어 있지 않으면 소용없는 법이다. 하나님이 여호수아에게 당부하신 새 지도자로서의 준비는 아주 단순했다.

말씀을 묵상하라 "이 율법책을 낮과 밤을 가리지 말고 늘 묵상하고 이 율법책을 네 입에서 떠나지 말게 하라"(8절). 여기서 '율법책'은 한마디로 하나님의 가르침, 하나님의 비전, 하나님의 뜻을 의미한다. '묵상하다'의 히브리어는 무언가를 계속 생각함으로써 그것이 차고 넘쳐 입 밖으로 자연스럽게 나오는 상태를 가리킨다. "입에서 떠나지 말게 하라"는 말씀은 "낮과 밤을 가리지 말고 늘 묵상하라"는 말씀과 긴밀하게 연결되어 있다. 이 말씀은 형식적으로 성경 구절을 입으로만 읊조리는 것 정도가 아니라, 마음의 깊은 묵상을 통하여 말씀이 자연스럽게 우러나오는 것을 가리킨다. 말과 행동이 더러운 것은 생각이 더럽기 때문이다. 삶이 경박한 것은 묵상이 깊지 못하기 때문이다. 리더는 말과 행동이 더럽거나 경박해서는 안 된다. 좋은 리더가 되려면 먼저 자신의 생각부터 정화해야 한다.

리더여, 이기적인 생각이나 욕심을 버리고, 진지하고 겸손한 자세로 하나님의 말씀을 깊이 생각하자. 그러면 말씀의 참 뜻, 하나님의 마음을 이해하게 된다. 하나님의 심오한 지혜를 깨닫게 된다. 그 결과 사방으로 꽉 막힌 상황을 돌파할 수 있는 번뜩이는 리더십의 예지가 생긴다. 인간적으로 아무리 똑똑해 봐야 소용없다. 하나님의 말씀을 깊이 묵상하여 하늘의 지혜로 채워진 사람이 진정한 리더다.

말씀대로 행하라 "내가 네게 명한 율법을 다 지켜 행하고 좌로나 우로나 치우치지 말라"(7절). 이것은 말씀을 행동으로 옮겨라, 곧 말씀대로 살라는 말이다. 이 말의 원어의 뜻은 '매우 주의를 기울이고 조심해서 그대로 순종하라'는 의미다. 우리는 중요하며 가치 있다고 여기는 것에 대해서는 기꺼이 많은 시간을 투자하며 정성을 쏟는다. 바로 하나님의 말씀에 대해서 그렇게 하라고 하시는 것이다.

"다 지켜 행하라"는 말씀을 주목하라. 리더십은 액션, 곧 행동이다. 실천력이다. 내게 편한 것, 내게 유리한 한두 가지 말씀만 지키라는 말이 아니다. 힘들고 부담스러워도 하나님의 말씀 전체를 철저히 지켜야 한다. 최고 지도자인 여호수아에게 내려진 하나님의 명령은 먼저 하나님께 철저히 순종하라는 것이었다. A. W. 토저는 말했다. "하나님의 말씀을 듣는 바로 그 사람의 말을 들으라." 리더가 하나님께 전적으로 순종하지 않으면, 사람들도 그 리더에게 순종하지 않을 것이다. 그러므로 사람들이 당신의 말을 안 듣는다고 화내기 전에 당신은 과연 하나님 말씀을 잘 듣고 있는지 돌이켜 보라.

흔들리지 말라 "좌로나 우로나 치우치지 말라"(7절)는 말씀은 어떤 명확한 기준이 있음을 의미한다. 하나님 말씀의 올바른 의미를 깊은 묵상을 통해서 확인하고, 그 토대 위에 서서 이 말 저 말에 흔들리지 말라는 것이다. "나무는 가만히 있으려 하나, 바람이 자꾸 흔들어 댄다"는 말이 있다. 마찬가지로 리더가 아무리 분명한 신념을 세우고 반듯이 가려 해도, 그 주변에는 항상 이 말 저 말로 흔들어 대는 사람들이 끊임없이 나타난다. 참모들, 전문가들, 매스컴, 여론 등 모두가 리더에게 끊임없이 말한다. 물론 그들의 소리에 귀를 기울이는 것은 필요하다. 그러나 리더는 흔들리지 말고 큰 방향, 틀이 되는 가치관만큼은 분명히 세워 나가야 한다.

쓸데없는 무모한 고집을 피우라는 것이 아니다. 잘못된 신념은 자신과 공동체를 망치는 쓸데없는 고집이 되기 쉽다. 그러므로 분명한 것, 옳은 것에 중심축을 두어야 한다. 그래서 하나님의 말씀 위에 축을 내리라는 것이다. 모든 것이 쉽게 변하는 혼란스러운 시대일수록 불변하는 인생의 축을 붙잡고 있어야 흔들리지 않는다. 그 축은 잘못된 야심이나 욕심, 철학이 아니다. 그것은 바로 가장 지혜롭고 분명하며, 가장 깨끗하고 아름다운 진리인 하나님의 말씀이다.

남보다 많은 특권과 능력을 가진 리더들은 대부분 자존심이 세다. 약한 모습을 보이기 싫어하고, 남의 도움을 쉽게 구하려 하지 않는다. 그러나 인생의 수많은 파도를 헤쳐 가면서 인정하지 않을 수 없는 것은, 아무리 강하고 담대한 리더라도 두려움과 스트레스에 눌려 잠 못 이루는 밤을 보내야 할 때가 있다는 사실이다.

남북 전쟁이 한참 막바지로 치닫고 있던 무렵, 수많은 젊은이들이 전장에서 무참히 죽어 갔다. 양측의 운명이 걸린 대전투를 앞둔 밤, 에이브러햄 링컨 대통령은 깊은 번민 속에 빠졌다. 그 모습을 본 참모들이 링컨 대통령에게 이렇게 위로했다. "각하, 염려 마십시오. 하나님이 우리 편에 계십니다." 그러자 링컨이 말했다. "그것은 적군도 그렇게 생각할 거야. 중요한 것은 과연 우리가 하나님 편에 서 있느냐 하는 것이지." 강하고 대담한 사나이 여호수아도 너무나 큰 리더십의 도전 앞에 두려워 떨고 있었다. 그런 그에게 하나님은 "강하고 담대하라. 내가 너와 함께할 것이다"라는 말씀을 몇 번씩 반복하신다. 그러면서 이렇게 말씀하신다. "나는 틀림없이 네 편에 서 줄 것이다. 그런데 그러기 위해서는 너도 내 편에 확실히 서 있어야 한다. 나의 말을 항상 명심하고 실천해라."

리더여, 상황은 늘 힘에 부치도록 복잡하고 어려울 것이다. 리더의 자리는 언제나 어렵다. 그러므로 전능하신 하나님을 믿고 나아가라. 늘 겸손하게 기도하며 하나님의 뜻을 구함으로써 하나님과 늘 동행하라. 하루하루 새로운 용기를 갖고 일어나라. 당신은 잘할 수 있을 것이다. 승리할 것이다!

Bookmark for Leaders

🌸 리더를 위한 약속

- 하나님이 당신에게 리더의 권위를 주셨다.
- 두려워 말라. 하나님이 함께하신다.
- 당신을 위한 복이 예비되어 있다.

"리더십은 하나님과 사람을 섬기는 데서 시작한다.
잘 이끌려면 먼저 잘 따르는 법을 배우라."

02

팔로워십에서
시작하라

여호수아 1:10-18

오늘날 리더십의 가장 큰 위기는 모두 리더십에만 관심을 쏟는다는 데 있다. 너도 나도 리더만 되려 하고, 보스만 되려 한다. 뒤에서 따르는 일에는 관심이 없다. 좋은 리더가 부족한 것도 문제지만, 좋은 리더가 이끄는 대로 겸손하게 헌신적으로 잘 따라 주는 사람이 부족한 것도 큰 문제다. 그래서 처칠은 "지도자의 수준은 그 나라 국민의 수준이다"라고 말했는지도 모른다.

성경에는 정작 '리더십'이란 단어가 거의 사용되지 않는다. 리더십을 말해야 할 부분에서 오히려 '따르는 일(followership)' 혹은 '섬기는 일(servantship)'을 얘기하고 있다. 나아가서, 하나님이 세우신 리더들의 리더십 훈련 과정의 기초는 항상 하나님과 사람을 따르고 섬기는 일에서부터 시작한다. 리더를 따르는 법을 제대로 익히지 못한 사람은 제대로 된 리더가 될 수 없다. 따르는 법을 모른 채 리더 자리에 오를 때 미치는 영향력은 다른 사람들은 물론 자기 자신까지 파멸로 이끌고 갈 수 있다. 다른 사람의 권위나 권세에 굴복하지 않고 반기를 드는 반골(叛骨) 성향이 강한 사람이 리더의 자리에 오르면 독재자가 되기 쉽다. 또한 그는 더 지독하고 힘이 센 반란자에게 결국 당하게 마련이다.

하나님의 아들이자 탁월한 리더이신 예수님은 하나님께 철저히 순종하는 법을 몸으로 보여 주셨다. 우리 역시 지위, 나이, 경험, 학벌, 능력에 상관없이 먼저 철저하게 하나님께 순종하는 사람이 되어야 한다. 그뿐 아니라 하나님이 세우신 사람의 권위에도 순종하는 훈련을 해야 한다. 그럴 때 하나님은 우리에게 권위(authority)를 허락해 주실 것이다. 그 권위는 눈에 보이지 않지만 강력한 힘이 있다. 여호수아는 하나님의 음성을 듣고 즉시 순종하는 훈련이 된 리더였다. 그래서 어렵고 힘든 상황 속에서도 그가 이끄는 사람들의 전폭적인 지지와 충성을 받을 수 있었다. 여호수아 1장 후반부는 우리에게 리더를 따르는 일, 즉 팔로워십의 중요성을 보여 주고 있다.

리더여, 사자의 심장을 가져라

하나님의 리듬에 춤추는 리더십

10절을 보면 여호수아는 하나님의 명령이 떨어지기가 무섭게 이스라엘의 모든 리더를 소집한다. 두려움이 앞을 가로막고 있지만 여호수아는 백성을 거느리고 약속의 땅으로 들어가라는 하나님 명령에 지체 없이 순종한다. 그는 "이걸 어떡하나?" 하면서 고민하는 일에 시간을 낭비하지 않았다. 리더십은 즉각적인 순종의 액션이다. 제때에 결단하고, 행동하지 못한다면 아무리 뛰어난 인물도 리더가 될 수 없다. 완벽한 작전 계획은 없다. 기본적인 준비는 철저히 해야겠지만, 리더가 너무 오랜 시간 생각만 하고 있으면 아무것도 못한다. 하나님이 발을 움직이시면 그 리듬에 맞춰 주저 없이 춤을 춰야 한다.

영적 야성을 되찾으라 오늘날 전문화되고 고급화된 문화에 길들여진 탓인지 너무나 많은 하나님의 지도자들이 영적인 야성을 잃어버렸다. 많은 리더들이 앉아서 계산기를 두드리고 있거나 안전과 명예를 따지고 있다. 늘 논리 정연한 이론과 주장으로 무장하고 있지만, 정작 전투의 최일선으로 뛰어들려 하지는 않는다. 예수님은 교회를 그리스도의 군대라고 했지, 학교라고 말씀하지 않으셨다.

파워는 행동하는 리더십을 통해 폭발한다. 하나님의 뜻이라는 확신이 서면, 그것이 아무리 내게 어렵고 힘든 일이라 할지라도 지체 말고 움직이라. 미루고 주저하면 반드시 딴생각이 끼어들어서 당신을 침체시킬 것이다. 믿음으로 선포하고, 즉시 행동하라. 직접 뛰어들라. 땀으로 범벅이 되고, 넘어져 피가 나도 계속 정진하라. 하나님의 명령을 즉시 이행하는 리더, 당신을 통해 하나님의 기적이 일어날 것이다.

워밍업을 충분히 하라 여호수아는 믿음의 사람이었지만 동시에 자기 몫의 책임을 지고 준비하는 사람이었다. 승리는 이미 하나님이 약속해 주셨지만, 인간이 감당해야 할 것들은 스스로 최선을 다해 준비해야 하는 것이다. 여호수아는 당장 요단강을 건너지 않고 3일 후에 건너갈 것이라고 했다. 왜 당장 건너가지 않고 3일을 기다렸을까? 그것은 요단강을 건널 준비가 필요했기 때문이다. 스포츠도 시합하기 전에 충분한 워밍업, 즉 준비 운동을 통해 근육을 푸는 시간이 필요하다. 전쟁도 마찬가지다. 사업이나 목회도 그렇다. 앞으로 나아가기 위해서는 충분한 준비가 반드시 필요하다.

그렇다면 이스라엘 백성들에게는 구체적으로 어떤 준비가 필요했을까? 첫째는 현실적인 준비가 필요했다. "양식을 예비하라"는 여호수아의 명령은 모든 보급, 수송 체제를 확인하고 점검하라는 말이다. 군대에 있어서 병참품 관리는 필수다. 모든 무기들도 재점검했을 것이다. 둘째는 마음의 준비가 필요했다. 각 리더들은 나름대로 주어진 임무와 작전 명령을 확인하고, 하나님이 함께하신다는 사실을 서로에게 주지시키며 격려했을 것이다.

아무런 준비 없이 시간을 보내는 사람은 상황이 닥쳤을 때 속수무책으로 무너질 수밖에 없다. 순종은 그냥 아무것도 안 하고 있다가 리더가 시키는 대로 로봇처럼 움직이는 것이 아니다. 평소에 철저하게 준비된 사람만이 "전진!"이라는 사인이 떨어질 때 최상의 컨디션으로 자신 있게 뛰어나갈 수 있다. 이렇게 할 수 있는 사람이 진정한 순종의 사람이다. 그러므로 언제 어디서든 하나님이 명령을 내리실 때 지체 없이 순종할 수 있는 리더가 되기 위해 현실적인 준비와 마음의 준비를 철저히 하라.

리더가 지녀야 할 팔로워십

요단강을 건너기 전에 여호수아는 먼저 중요한 작전 한 가지를 지시한다. 전쟁에서 상륙 작전 시 가장 용맹한 부대를 선봉에 배치하듯이 가나안 정복 전쟁의 최선봉 부대로 세 지파를 지명했다. 우리 나라가 김씨 문중, 이씨 문중, 박씨 문중 등으로 집안 계보를 나누었다면, 이스라엘은 야곱의 열두 아들로 집안 계보를 나누었다. 르우벤, 갓, 므낫세, 베냐민 등 야곱의 열두 아들의 이름에 '지파'라는 호칭을 붙여 이스라엘 민족을 각 혈통대로 나눈 것이다. 열두 지파 가운데 여호수아는 르우벤, 갓 그리고 므낫세 지파의 반을 선봉 부대로 지명했다.

각 지파의 대표들 역시 하나님이 세우신 리더들이었다. 그러므로 여호수아를 통해 내려진 하나님의 명령에 따르는 그들 역시 팔로워이자 리더들이었던 것이다. 그렇다면 여호수아는 왜 이들 세 지파를 지명한 것일까? 우리는 이들을 통해 리더가 갖추어야 할 팔로워십이 무엇인지 배울 수 있다.

약속을 목숨처럼 여기라 우선 이 세 지파들에게는 지켜야 할 오래 전의 약속이 있었다. 시간을 거슬러 이스라엘 백성들이 광야에서 유랑 생활을 하던 시절, 미디안 광야의 여러 사나운 부족들의 연합군과 큰 전쟁을 치러야 했던 적이 있었다. 그때 르우벤과 갓 지파는 최선봉에 서서 혁혁한 전과를 세웠다. 승리한 이스라엘군은 전과에 따라서 적에게서 빼앗은 가축을 분배했고, 전공이 큰 르우벤과 갓 지파에게 가장 많은 가축들이 돌아갔다. 가축이 많아진 것은 좋은 일이었지만, 그들에게는 한 가지 난감한 일이 발생했다. 갑자기 많아진 가축들을 데리고 이동하는 것과 그 가축들을 충분히 먹일 푸른 초장을 찾는 것이 쉬운 일이 아니었던 것이다. 요단강 동편 땅을 이미 정복해 놓았던 이스라엘이 요단강을 건너기 전, 르우벤과 갓 지파는 광활하여 가축 먹이기에 적당한 그 땅에 그냥 머물기를 원했다. 그들은 급기야 모세에게 요단강 동편 땅을 자기들에게 분배해 줄 것을 요청했다.

그러자 모세는 그들에게 화를 냈다. 이제 막 모든 백성들이 함께 힘을 모아 요단강을 건너 정복 전쟁을 벌이려던 참이었다. 이러한 때에 그 지파들이 간청한 요구는 자기들만 편하게 안주하려는 이기적인 것으로, 이스라엘 전체의 화합을 깨뜨릴 수 있는 행동으로 보였기 때문이다. 실제로 다른 지파들도 주춤거리기 시작했다. 그러자 세 지파의 리더들은 절충안을 내놓았다. 자기 지파들의 여자와 어린아이들을 정착하게 해 주면 남자 전사들은 다른 지파들과 함께 요단강을 건너 가나안 정복 전쟁에 함께 참여하겠다는 것이었다. 그리고 남자들은 전쟁이 완결된 뒤에 그 땅으로 돌아오면 되지 않겠느냐는 제안이었다. 결국 모세는 그 약속을 받아들였

> 지도자는 자신이 아니라 다른 사람을 위해 꿈을 실현해 가는 사람들이다.
>
> —잭 웰치

리더여, 사자의 심장을 가져라

다. 이제 여호수아는 그 약속을 세 지파에게 다시 상기시키고 있는 것이다.

약속은 아무리 지키기 힘들거나 오래 지났어도 꼭 지켜야 한다. 리더였던 다윗도 이렇게 고백했다. "내가 여호와의 모든 백성 앞에서 나의 서원을 여호와께 갚을지라"(시 116:18). 하나님은 반드시 약속을 지키시는 분이다. 따라서 하나님의 팔로워들 역시 어떤 어렵고 힘든 상황에 처하더라도 약속은 반드시 기억하고 지켜야 한다.

특권을 누리되 책임을 지라 여기서 우리가 배워야 할 것은, 특권에는 그만한 책임이 따른다는 사실이다. 르우벤 지파, 갓 지파, 므낫세 지파의 반은 이스라엘의 다른 지파들에 앞서 이미 요단강 동편의 땅을 자신들의 영지로 분배 받았다. 영원히 안식할 수 있는 땅과 재산이 확보되었으므로 그만큼 심리적 부담도 덜했을 것이다. 그러나 특권은 아무 대가 없이 그냥 주어지는 것이 아니다. 이제 그들은 다른 지파들과 함께, 그것도 최선봉에 서서 가나안 땅 정복 전쟁을 감당해야 했다.

'노블리스 오블리제'라는 말이 있다. 특권층은 많이 누리는 만큼 그에 따르는 의무를 감당해야 된다는 의미를 지닌 말이다. 영국의 케임브리지 대학교나 옥스퍼드 대학교에 가 보면, 나라에 전쟁이 났을 때 제일 먼저 전쟁터로 나가서 목숨을 바친 동문들의 사진이 많이 걸려 있다. 그들에게는 그것이 학교의 자랑이요, 가문의 자랑이다. 평소에는 남보다 많은 것을 누리는 것 같아도 국가가 위기에 처하게 되면 가장 먼저 달려가 목숨을 던지는 불꽃 같은 책임감이 그들에게 있었던 것이다. 이것이 바로 영국의 귀족 문화가 오랜 세월 존속될 수 있었던 이유다. 특권만 주장하고 책임을 회피한다면 그는 이미 리더의 자격을 상실한 것이다.

공동체 의식을 가지라 여호수아가 이들 세 지파들에게 강력히 권고한 또 다른 메시지는 '공동체 의식' 이었다. "여호와께서 너희로 안식하게 하신 것같이 너희 형제도 안식하게 되며"(15절). 이스라엘의 나머지 지파들도 이미 땅을 얻어 안식하고 있는 세 지파들처럼 안식할 수 있게 하라는 것이다. "너희만 잘살려고 하지 말고 모든 백성이 다 잘살 수 있도록 도우라. 우리는 다 한 형제들이다"라는 사실을 주지시키는 것이다. 형제가 전쟁 중에 있는데, 형제가 굶주리고 위험해 처해 있는데, 어찌 너희들만 편안히 있을 수 있느냐는 말이다.

오늘날 우리에게도 이런 공동체 의식이 필요하다. 지역 감정주의나 집단 이기주의는 위험하다. 이미 내 자식들은 다 키웠으니까, 이미 나는 잘살게 되었으니까, 다른 사람들은 다 어떻게 되어도 좋다는 식으로 사는 사람들이 우리 주변에 예상 외로 많다. 만약 당신이 실패와 좌절에 빠진 형제를 외면하고 자신의 안일과 편안함만 추구한다면, 당신은 공동체 의식을 상실한 사람이다. 우리는 이 점을 늘 경계해야 한다. 당신이 이미 안정된 기반을 이루었다 해도, 그렇지 못한 이웃들을 위해 기꺼이 헌신해야 한다. 그들은 당신의 전문성과 헌신 그리고 사랑을 절실히 필요로 한다. 남들보다 더 많이, 더 먼저 당신에게 복을 주신 하나님이 그것을 원하신다.

전문성을 갖추라 여호수아가 이 세 지파를 가장 위험하고 중요한 최선봉 부대로 세운 것은 그들이 가진 전문성 때문이었다. 이 세 지파는 이스라엘에서 가장 용맹한 사람들을 뽑을 때 항상 대표적으로 등장하는 지파들이다. 이들은 각각 어떤 전문성을 갖추었을까?

르우벤 지파: 야곱의 열두 아들 중 첫째 아들의 집안으로서 장자 집안이라는 자부심이 강했다. 선조인 르우벤을 본받아 침착하고, 정이 많으며, 책임감이 강한 맏형의 기질을 타고난 사람들이다. 그들이 가나안 정복 전쟁의 최선봉 부대에 포함된 것은 아마도 열두 지파의 맏형이라는 상징적 의미가 있었을 것이다. 그리고 침착하고 책임감이 강하여, 용맹한 갓이나 므낫세 집안의 병사들을 잘 통제할 수 있을 것이라는 믿음 때문이었을 것이다.

갓 지파: 갓이라는 히브리 문자의 뜻은 '군대' 다. 이 지파가 상징하는 것은 '군대가 진 치고 있는 천막' 이었다. 그들은 원래 출중한 병사들이었다. 야곱이 열두 아들들에 대해 예언할 때, 갓에 대해서는 "군대의 습격을 받아도 무섭게 반격하여, 오히려 공격한 자들이 목숨을 구하려고 도망갈 것이다" 라고 할 정도였다. 워낙 뛰어난 전사(戰士)들인 그들은, 광야에서 이스라엘 사람들이 사나운 광야 부족들과 전투를 벌일 때도 항상 선두에서 싸움을 도맡아 하면서 숱한 전공을 세웠다.

므낫세 지파: 이 지파도 타고난 용사들이 많은 집안으로서, 후에 기드온이나 입다 같은 이스라엘의 전설적인 영웅들을 배출했다. 므낫세 지파의 반만 최선봉 부대에 포함된 것은 그야말로 명성이 높은 무인(武人)의 가문인 므낫세 지파에는 뛰어난 전사들이 워낙 많아서 반만 차출해도 된다는 이유에서였을 것이다.

이처럼 팔로워들은 리더가 시키는 대로 로봇처럼 따라하는 무능력한 이들이 아니다. 오히려 그들은 어쩌면 리더도 지니지 못한 전문성을 갖추고 있기에, 자신들이 속한 공동체를 위해 그 전문성을 발휘해야 하는 사람들이다. 탁월한 리더는 아무에게나 일을 시키거나, 일부러 고생시키려고 일을 맡기지는 않는다. 각자의 전문성을 따져 적절한 팔로워에게 일을 배분한다.

개인적으로 기본적인 준비가 되어 있지 않은 사람들이 모여서 좋은 팀워크를 이루기는 어렵다. 따라서 구성원 각자가 다른 사람은 갖지 못한 자기만의 특별한 기술을 갖추고 있어야 한다. 아무리 헌신된 사람이라 하더라도 자신에게 주어진 임무를 완수할 수 있는 능력, 곧 전문성이 따르지 않는다면 팔로워로서의 헌신은 아무 힘이 없는 것이 되고 만다. 그러므로 탁월한 팔로워가 되려면 자신에게 주어진 임무를 훌륭하게 감당하기 위해서 끊임없이 자신의 능력을 다듬고 계발시켜 가야 한다.

역할의 차이를 인정하라 많은 사람이 리더십의 역할을 팔로워십의 역할보다 더 월등하고 능동적인 것으로 보는 선입관을 가지고 있다. 그러나 이것은 역할(function)의 차이일 뿐 결코 계급(status)의 문제가 아님을 분명히 알아야 한다. 리더십이 전체 그림을 보고 큰 목표를 향해 팔로워들을 이끌고 격려하는 일이라면, 팔로워십은 각자 독특한 전문 기술을 가지고 그 리더십을 따라 협력함으로써 목적지에 도달하게 하는 일이다. 하나님이 주신 은사와 열정이 다를 뿐이지 지위가 높고 낮은 것의 문제가 아님을 인식하자. 이러한 인식이 분명할 때 리더는 교만하거나 무례하지 않으며, 팔로워는 비굴하거나 방관자적인 자세를 가지지 않을 것이다.

비전에 헌신하는 팔로워

놀라운 것은 이 세 지파의 리더들이 기꺼이 신참 지도자 여호수아의 명령에 순종했다는 사실이다. "당신이 우리에게 명령하신 것은 우리가 다 행할 것이요, 당신이 우리를 보내시는 곳에는 우리가 가리이다"(16절). 리더십이 검증되지도 않은 신참 지도자의 명령을, 그것도 목숨을 잃을 수도 있는 자리로 기꺼이 나아가는 이 전격적인 순종은 감동과 교훈을 주는 팔로워의 모습이다.

리더에게 순종하라 사람의 마음은 조석처럼 시시때때로 변하게 마련이다. 아무리 굳게 한 약속이라고 하지만 그것은 십수 년 전 광야 생활 시절, 그것도 여호수아의 전임자 모세에게 한 약속이었다. 세 지파 사람들도 그 약속을 지키라는 여호수아의 명령을 들었을 때 인간적으로 적지 않은 갈등을 겪었을 것이다. 게다가 그 지파들은 굳이 싸우지 않아도 요단강 동편의 좋은 땅을 이미 차지한 상태인데다, 그들은 모두 일당 백의 막강한 용사들이었다.

그들에게는 당장 아쉬운 것이 없었다. 강력한 힘과 많은 재산도 이미 확보해 놓은 상태다. 굳이 목숨을 걸고 여호수아의 명령을 따를 필요가 없다는 생각이 들었을지도 모른다. 더욱이 그들은 수십 년간 전임자 모세의 리더십에 익숙해져 있던 사람들이었다. 모세의 명령이라면 꼼짝 못하고 선택의 여지가 없었을지 모르지만, 신참 지도자 여호수아의 강한 명령에는 얼굴을 찌푸릴 수도 있었다. 그들의 전투력은 나머지 아홉 지파와 대결해도 만만치 않을 만큼 강했기 때문에, 이들이 만약 반역의 칼이라도 들었다면 여호수아가 진압하기도 어려웠을 것이다. 그런데 그들은 군소리 없이 여호수아의 명령에 순종했다. 어떻게 그럴 수 있었을까?

그것은 하나님의 기름 부으심에 대한 확신 때문이었을 것이다. 그 세 지파는 여호수아의 위대함에 압도된 것이 아니다. 그를 리더로 세우신 하나님의 섭리를 보았다. 하나님이 자기 민족에게 주신 비전을 완수해 갈 사람이 바로 여호수아인 것을 뜨거운 심장의 감동으로 확신했다. 역사 최고의 명감독이신 하나님은 어떤 선수를 세우든 반드시 그를 통해서 승리를 일궈 내시리란 것을 그들이 믿은 것이다.

정말 제대로 된 팔로워들은 사람에게 헌신하는 가신(家臣) 그룹이 아니다. 카리스마를 지닌 많은 리더들이 자신의 개인적인 추종자들을 만들려는 함정에 쉽게 빠지는 것을 볼 수 있다. 그런데 이러한 시도는 백이면 백 모두 실패한다. 아무리 위대한 리더도 불완전한 인간일 수밖에 없기 때문에 누구나 가까이 가면 존경스럽지 못한 측면을 발견하게 마련이다. 이것은 곧 그 리더에 대한 실망과 불만으로 이어지며, 나아가 반역과 배신까지 일어날 수 있다. 인류의 역사는 카이사르의 가슴에 비수를 꽂았던 브루투스들로 가득

> 갈등 상황에서도 헌신하는 사람이라면 훌륭한 인격을 갖춘 사람임이 틀림없다.
> –존 맥스웰

차 있다. 물론 이러한 배신과 반역이 단순히 리더의 인간적 부족함 때문에 일어나는 것만은 아니다. 리더에게 충성을 맹세하며 접근하여 오히려 그를 이용해서 권력과 부를 챙기려는 탐욕스러운 팔로워들 때문에 일어나기도 한다. 이렇게 이중적인 리더와 팔로워들의 관계는 결코 오래 가지 못한다.

팔로워는 리더가 유능하기 때문에 그를 맹목적으로 따라 주는 것이 결코 아니다. 부족한 점이 있다 하더라도 리더는 하나님의 뜻이 있어서 위에 세워 주신 권위이기 때문에 팔로워는 마땅히 그에게 순종해야 하는 것이다. 리더에게 순종하는 것이 곧 하나님을 기쁘시게 해 드리는 것이다. 또한 그것이 리더십의 자질을 끊임없이 업그레이드시키는 훈련이다.

리더를 격려하라 가장 위험한 임무를 수행해야 할 최선봉 부대로 뽑힌 이 세 지파들은 기쁘게 순종하는 것에 한 수 더 떠서, 지도자인 여호수아에게 힘을 내라고 격려까지 한다. 오늘날 세대 간의 갈등과 노사의 맹렬한 대립, 정·재계 리더십과 국민들 사이에 깊이 파인 골을 보면 한숨부터 나온다. 과연 우리는 정성을 다해 리더를 세우고, 세운 리더를 격려하는 분위기를 조성할 수 있는가?

성경 본문에는 리더와 그 뒤를 따르는 백성들 간의 끈끈한 사랑과 헌신의 모습이 나온다. 먼저 여호수아의 심정을 생각해 보자. 그는 젊은 시절, 가나안 열두 정탐꾼들 중에서 오직 갈렙과 함께 담대하게 가나안 정복을 주장할 정도로 용기 있는 인물이었다. 그러나 영웅도 역시 인간일 뿐이다. 홍해를 가르는 등 놀라운 이적을 베풀며 이스라엘 백성들의 광야 생활을 인도한 전설적인 대 지도자 모세의 후계자로서 여호수아는 두려움과 부담감으로 가득 차게 되지 않았는가? 게다가 호전적이며 기골이 장대한 이방 민족들로 득실거리는 가나안 땅 정복 전쟁을 이제는 모세 없이 홀로 이끌어야 했다. 그러니 그의 부담감이 얼마나 컸을지는 말할 필요도 없다.

걸프전 때, 막강한 군사력을 가진 미군의 총사령관 슈와츠코프도 밤잠을 못 이루고 고민했다고 하는데, 하물며 여호수아의 심정이 어떠했겠는가? 밖으로는 무서운 가나안 족속들과의 전쟁, 안으로는 탁월한 전임 지도자를 승계한 후계자로서 두려움으로 가득 차 있던 이 젊은 지도자에게 하나님은 "강하고 담대하라"는 격려를 거듭 주셨다. 이것은 여호수아의 마음고생이 얼마나 컸었는지를 증거하는 것이기도 하다. 한편 이스라엘 백성들도 마음이 불안하고 두려웠다. 여호수아가 뛰어난 전사였던 것은 다들 알고 있었지만, 군인이 항상 뛰어난 통치자는 아니지 않은가? 아무리 젊고 탁월한 지도자라 해도 아직 그의 리더십은 검증되지 않은 상태였다. 미우니 고우니 해도 모세의 지도력은 40년 동안 아무것도 없는 험난한 광야에서 그들을 이끌어 왔다. 모세가 지팡이만 들면 홍해가 갈라졌고, 하늘에서 불이 내려왔으며 전쟁에서 승리했다.

그런데 이제 모세가 없는 상태에서 이 신참 지도자에게 모든 것을 걸어야 하는 것이다. 노예 출신으로 제대로 된 군사 훈련을 받아 본 적도 없는 사람들이 당시 가장 전투력이 강한 가나안 부족들과 전쟁을 치러야 하는 것이다. 리더도 고민과 두려움에 빠졌겠지만, 백성들 역시 두려움에서 자유로울 수 없었다. 그러나 젊은 지도자와 이스라엘 백성은 모두 자기의 불안함과 두려움을 억누른다. 하나님을 의지하며, 오히려 서로를 격려해 주고 있다. 그들은 각자에게 주어진 사명을 다하겠다는 헌신을 다짐한다.

하나님과 백성의 격려에 힘 입은 여호수아는 두려움을 과감히 떨쳐 내고 용기 있는 리더십을 발휘한다. 여호수아는 이스라엘 백성들에게 지체하지 말고 요단을 건너 약속의 땅을 점령할 준비를 3일 동안 하라고 명령을 내린다. 그러자 이스라엘 백성들은 모세에게 순종했던 것같이 즉시 여호수아에게도 철저하게 순종할 것을 다짐했다. 모세와 함께 하셨던 하나님이 여호수아와도 함께해 주시기를 원한다는 격려도 잊지 않았다. 그리고 자기들 가운데 불복종하는 자는 죽어도 좋다고 말함으로써 순종의 굳은 의지를 보여 주었다. 리더와 팔로워들 간의 이 감동적인 팀워크는 결국 불가능할 것만 같았던 가나안 정복을 이뤄 내고 만다.

20세기 후반 미국 최고의 설교자 가운데 한 사람으로 평가되는 전 달라스 신학교 총장 척 스윈돌(Chuck Swindoll). 그 위대한 목회자도 젊은 시절, 두 군데 이상의 교회에서 인정 받지 못하고 옮겨 다녀야 했던 가슴 아픈 일들이 있었다. 한 교회에서는 설교를 못한다고 쫓겨나기까지 했다. 그러다 마침내 남캘리포니아 풀러톤의 에반젤리컬 프리 교회(Evangelical Free Church)라는 곳에서 그는 20년 넘게 미국 최고의 설교자로 성장할 수 있는 기반을 마련하게 된다. 그 교회 교인들은 척 스윈돌 목사의 설교 은사를 존중했고, 그를 보호해 주고 충성스럽게 따라 주었다. 교회를 은퇴할 때, 척 스윈돌은 눈물을 흘리면서 고백했다. 자기 생애에 가장 큰 축복은 그 교회 교인들 같은 좋은 팔로워들을 만난 것이라고 말이다.

그의 교인 가운데 한 사람이 전해 준 이야기가 아직도 기억에 남는다. 한번은 설교가 너무 감동적이어서 스윈돌 목사를 좇아가서 그 얘기를 했더니, 뜻밖에 스윈돌 목사가 눈에 눈물을 글썽이며 이렇게 말하더라는 것이다. "누군가 내게 그런 얘기를 해 준 지 정말 오래됐습니다. 고맙습니다, 정말 고맙습니다." 그 교인은 이런 유명한 설교자도 참으로 따뜻한 격려가 필요하다는 사실을 그때 다시금 깨달았다고 한다.

리더에게 아부하라는 말이 아니다. 우리가 보기에는 너무나 유명하고 강해 보이는 것 같은 리더들도 그 속은 한없이 외롭고 연약할 수 있다. 리더들은 팔로워들의 따뜻한 격려와 성실한 순종을 절실히 필요로 한다. 리더의 수준은 바로 팔로워의 수준이다. 좋은 리더가 세워져도 팔로워가 리더십 킬러가 되어 버리면 아무 소용이 없다. 리더는 결코 혼자 설 수도, 혼자 앞으로 나아갈 수도 없기 때문이다.

기러기 편대는 항상 V자를 이루고 긴 여행길을 나선다. 그런데 목적지를 향해 날아가는 도중에, 앞장서 가는 기러기를 뒤따라가는 기러기들이 박자를 맞추어 '콩, 콩' 하고 울어 댄다고 한다. 자기들이 뒤에서 처지지 않고 잘 따라가고 있으니 걱정하지 말라는 그들만의 신호란다. 참으로 영리한 일이다. 앞만 보고 날아가는 외로운 기러기, 제일 앞에 서 있는 까닭에 가장 혹독한 바람의 저항과 싸우면서 전진해야 하는 리더 기러기에게 그 소리는 시원한 청량제임이 틀림없다. 오늘 우리는 과연 무엇으로 리더를 격려하며 세워 주고 있는가?

" 철저히 준비하면서 잠잠히 기다리라.
그러나 기회가 오면 지체 없이 액션을 취하라. "

한 걸음씩
내딛으라

여호수아 3:14-17

앞장에서 우리는 이스라엘의 새 지도자가 된 여호수아와 그를 따르는 백성들이 서로 격려하고 믿어 주며, 민족의 운명을 건 가나안 정복 전쟁 준비에 총력을 기울이는 모습을 보았다. 힘들고 어려운 리더십의 전환 과정 가운데서 이러한 리더와 팔로워들 간의 하나님 안에서의 신뢰는 엄청난 파워가 된다. 이 장에서 우리는 여호수아가 2백만 명이 넘는 백성들을 이끌고 가나안 정복의 첫 고비인 요단강을 건너는 과정을 살펴볼 것이다. 여호수아는 과연 수많은 백성을 이끌고 어떻게 요단강을 건널 수 있었을까?

액션을 취하기 전에 할 일

균형 감각을 갖추라 여호수아는 아침 일찍 일어났다고 했다. 이것은 지도자로서 그의 성실함을 보여 준다. 하나님의 지도자들은 항상 아침을 살았다. 해가 중천에 떴는데도 어기적거리고 있는 게으름뱅이는 리더가 될 수 없다. 지금까지 이스라엘은 가나안 정복 전쟁의 첫째 목표인 여리고 성으로부터 약 13km 정도 떨어진 싯딤이란 곳에 진을 치고 있었다. 그곳에서 여호수아는 여리고 성으로 두 명의 정탐꾼을 보냈다. 그리고 3일 후에 돌아온 그들로부터 성의 정세를 보고 받는다. 여리고 성 사람들이 이미 하나님의 군대가 다가온다는 소식을 듣고 공포에 질려 전의를 상실할 정도라는 것이다. 즉시 여호수아는 전 이스라엘 백성에게 행군 명령을 내렸다. 싯딤에서 요단강가까지 지체 없이 이동을 단행한 것이다.

여호수아는 자신이 지도자로서 무엇을 해야 하는지를 알고 있었고, 그것을 머뭇거리지 않고 실천에 옮겼다. 그는 행동하는 사람이었지만, 결코 무모하지는 않았다. 두 명의 정탐꾼을 통해 사전 점검을 하고, 여러 가지 필요한 준비를 갖춘 다음 때가 되자 지체 없이 움직인 것이다. 리더에겐 이런 균형 감각이 필요하다. 철저히 준비하되, 때가 오면 지체 없이 움직이는 결단력의 균형 말이다.

잠잠히 명령을 기다리라 2백만 명이 넘는 이스라엘 백성들이 요단 강까지 이동하는 데 아마 하루는 족히 걸렸을 것이다. 마침내 요단강 가에 도착한 이스라엘 백성들은 거기서 진을 치고 또 3일을 보냈다. 원래 여호수아가 말한 시일보다 3일이 더 걸린 총 6일의 준비 시간을 보낸 셈이다. 이 연장된 3일 동안, 요단강가에 백성들을 대기시켜 놓고 여호수아는 무엇을 했을까? 성경에는 기록되어 있지 않지만, 분명히 그는 하나님과 깊이 교제하는 가운데 하나님의 명령을 기다리고 있었을 것이다. 이때까지 수집된 모든 정보를 손에 들고, 하나님 앞에 깊이 침묵하며 기도하고 묵상했을 것이다.

당신은 어떤 일을 앞두고 묵상과 기도를 통해 하나님의 뜻을 올바로 깨닫는 일에 얼마나 시간을 기울이고 있는가? 자신의 판단과 생각을 따라 하나님보다 먼저 행동했다가 실패와 좌절을 경험한 적이 없는가? 가장 중요하고 바쁠 때일수록 오히려 잠잠히 기다림으로써 하나님의 명령을 받으려는 여호수아의 자세를 보라. 그것은 하나님의 인도에 대한 확고한 믿음을 가진 리더만이 취할 수 있는 태도다.

말씀을 따라가라 여호수아는 하나님의 명령을 기다리는 한편, 이스라엘 백성에게 요단강 도하 준비 명령을 내려 그들을 준비시킨다. 첫번째 명령은 '언약궤를 멘 제사장들'이 제일 앞에 서서 행진하고, 백성들은 거리를 두고 그 언약궤를 따라가라는 것이었다. 이스라엘 백성들은 왜 언약궤를 좇아가야 하는가? '언약궤'는 '하나님의 궤'라고도 불리는 직사각형 상자로서, 그 속에는 하나님이 주신 십계명 두 돌판이 보관되어 있었다. 아카시아 나무로 만들어졌고 겉은 황금이 입혀져 있는 언약궤 아래쪽 네 귀퉁이에 달린 고리에 막대기를 끼워서 제사장들이 운반했다. 이 언약궤는 하나님의 말씀, 늘 함께하시는 하나님의 은혜와 보호를 상징했다. 그러므로 언약궤를 따르라는 말은 곧 하나님을 따르라는 말이다. 하나님은 우리를 멀리서 그냥 지켜 보시는 분이 아니다. 친히 앞장서서 우리를 인도해 주시는 목자다. 하나님이 우리의 앞길을 인도하고 계신다는 사실이 우리에게 얼마나 큰 위로가 되는가? 미래를 두려워할 필요가 없음은 하나님이 우리보다 한 발 앞서 가며 준비해 주시기 때문이다. 그러므로 우리에게 주어진 사명은 하나님께 철저히 순종하는 것뿐이다. 하나님을 따르되 적당한 거리를 두라. 이스라엘 백성들은 언약궤 뒤를 약 1km 떨어져서 따라갔다. 그들은 거룩하신 하나님에 대한 충분한 경외심을 보여야 했다. 하나님은 참으로 좋고 인자하신 분이며 언제라도 가까이 다가갈 수 있는 분이지만, 그렇다고 우리가 함부로 대해도 되는 분은 아니다. 그분은 하늘이 땅

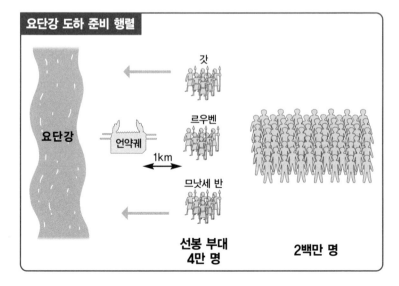

요단강 도하 준비 행렬

요단강

언약궤

갓

르우벤

1km

므낫세 반

선봉 부대
4만 명

2백만 명

보다 높음같이 우리와는 비교할 수 없을 정도로 높고 위대하신 분이므로, 가까이 따르되 존경심을 가지고 높여 드려야 한다. 언약궤에서 적당한 거리를 뒀다는 것은 또한 그 궤를 메고 가는 제사장, 즉 영적 지도자 그룹에서도 한 발짝 물러났다는 말이다. 우리를 이끌기 위해 세워 주신 영적 지도자들에 대해서도 우리는 존경심을 보여야 한다. 오늘날 우리는 자칫 모든 권위를 부정적으로 해석해서 땅에 떨어뜨리는 실수를 하기 쉽다. 그러나 권위는 항상 세워져야 하며, 존경할 만한 사람과 영적인 리더십을 경시하거나 함부로 대해서는 안 된다.

자신의 내면을 살피라 여호수아는 또한 백성들에게 "스스로 성결케 하라"고 명령한다. 언약궤를 따르기 위해서는 먼저 자신을 깨끗하게 해야 했다. 몸과 마음을 깨끗이 하는 것이었다. 오늘날 우리에게도 이렇게 자신을 돌아보아 죄를 회개하고 영혼을 깨끗이 하는 작업이 필요하다. 위대한 성자들은 대부분 영혼의 고백을 진솔하게 담은 참회록을 남기지 않았던가.

문제가 있을 때 리더를 탓하기 전에, 따르는 사람들도 회개하고 바로잡아야 할 점들이 많이 있다. 평소 알고 지내던 한 신앙심 깊은 국회의원과 최근 점심을 같이할 기회가 있었다. 그는 사적인 자리였음에도 정치가 국민의 신뢰를 잃고 있는 상황에 대해 정치인의 한 사람으로서 사과했다. 그러면서 한편으로는 뼈 있는 말을 덧붙였다. "정치인들의 권력 남용도 문제지만, 국민들의 주권 남용도 심각한 문젭니다." 그렇다. 우리 주변에는 표를 빌미로 해당 지역 의원에게 아들 병역 면제 등크고 작은 불법적인 청탁을 하는 사람이 있는가 하면, 의원들이 지역구 시장이라도 방문할 경우 자기보다 훨씬 나이가 많은데도 예의를 갖추지 않고 마치 하인 대하듯 거만하게 대하는 사람도 있다고 한다. 무조건 굽실굽실하는 것도 문제지만, 인간에 대한 기본적인 예의마저 저버리는 것 역시 바람직하지 않다. 정치인들이 자신들의 과오에 대해 뼈아픈 각성을 해야 하는 것은 더 이상 말할 필요가 없지만, 더불어 국민들도 우선 자신들을 살피며 책임을 다할 수 있어야 한다. 한 나라의 지도자의 수준은 바로 국민의 수준이기 때문에 국민 한 사람 한 사람이 잘 교육 받고 의식이 전환되어야 한다. 우리는 과연 하나님의 말씀대로 앞장서 가는 지도자를 제대로 잘 따르고 있는가? 팔로워로서 겸손하고 진실한 마음을 가지고 스스로를 성결케 하기 위해 더욱 노력해야 할 것이다.

영적 리더의 사명

보통 언약궤는 레위 지파 사람들에 의해 운반되었다. 그런데 본문에서는 그 역할이 영적 지도자들인 제사장들에게 직접 맡겨진 것을 볼 수 있다. 요단강을 건너는 일이 그만큼 중요하기 때문이었다. 그것은 하나님의 엄청난 기적과 약속의 성취가 이뤄지는 일이요, 민족의 운명이 걸려 있는 역사적 사건이었다. 이처럼 영적 지도자는 정말 중요한 상황에서 하나님을 붙잡고 직접 나서야 한다. 어떤 일에서는 그 누구에게도 맡기지 못하고, 지도자가 직접 감당해야 할 몫이 있는 법이다.

앞서 가서 길을 만들라 언약궤가 백성들을 인도해야 했기 때문에 언약궤를 멘 제사장들 역시 백성들보다 앞서 나가야 했다. 그리고 그 뒤를 약 1km 정도 떨어져서 따라가는 백성들은 그 모습을 똑똑히 볼 수 있어야 했다. 영적 지도자는 백성들보다 앞서 나가야 한다. 영적 지도자는 "돌격! 앞으로!" 명령만 내려놓고 뒤에서 부하들을 죽음으로 몰아넣는 사람이 아니다. 세상의 군주들은 자기의 생명을 지키려고 부하들을 전쟁의 죽음터로 보내지만, 예수님은 자기 백성을 살리기 위해 가장 먼저 나가서 죽으셨다. 영적 지도자는 앞장서 희생하고, 먼저 가서 길을 만드는 사람이다.

더불어 영적 지도자는 하나님의 말씀을 가장 가까이해야 한다. 단순히 용감하게 제일 먼저 나가는 것만으로는 충분치 않다. 방향 없이 속도만 내면 오히려 낭패를 볼 수 있기 때문이다. 방향을 잡기 위해서는 하나님의 음성에 귀를 기울여야 한다. 언약궤를 메고, 즉 하나님의 말씀을 품고 가장 먼저 나가야 했다는 것은 하나님의 말씀에 언제나 귀를 열어 놓았다는 말이다. 진정한 리더십은 하나님의 말씀을 품고 선봉에서 사람들을 인도하는 것이다.

권위를 세우시는 분을 의지하라 리더의 길은 참으로 고독하고 힘든 길이다. 요단강 도하라는 엄청난 프로젝트를 앞두고, 또다시 엄습해 오는 두려움 가운데 빠진 여호수아에게 하나님은 다시 한 번 처음에 했던 약속을 반복해 주신다. "내가 오늘부터 시작하여 너를 온 이스라엘의 목전에서 크게 하여 내가 모세와 함께 있던 것같이 너와 함께 있는 것을 그들로 알게 하리라"(7절).

리더의 권위는 자리가 보장하는 것이 아니라 능력이 보장한다. 요즘 아무리 큰 기업의 CEO도 실적이 없으면 하루아침에 책상의 주인이 바뀌지 않는가? 아무리 경력이 화려하고, 언변이 뛰어나며, 외적인 조건이 대단해도 좋은 결과를 이뤄 내지 못하면 리더십의 권위는 땅에 떨어진다. 그래서 하나님은 하나님의 리더에게 능력을 주심으로써 그의 권위를 세워 주신다. 40여 년 전, 모세의 리더십 초창기에 홍해 도하 사건을 통해 전 이스라엘 앞에서 모세의 권위를 세워 주셨듯이, 하나님은 이제 요단강을 건너게 하심으로써 여호수아의 권위를 세워 주려 하신다.

리더라고 해서 모든 면에서 완벽할 수는 없다. 사실 나이, 경험, 실력, 인맥 등 여러 방면으로 비교해 볼 때 리더는 항상 열등감을 느낄 수 있다. 아무리 잘난 사람도 그 위에 항상 그 사람보다 잘난 사람이 있게 마련이기 때문이다. 그러나 하나님이 세우신 리더는 자신의 능력을 믿고 일하는 것이 아니므로 열등감 따위로 넘어지지 않는다. 단지 하나님이 주시는 능력과 결과만 믿고 용기를 낼 뿐이다. 하나님이 당신의 위기를 도약의 기회로 바꿔 주실 것이다. 믿고 용기를 내라!

신념의 리더십을 발휘하라 여호수아와 이스라엘 백성들 눈앞에는 요단강이 당장이라도 삼킬 듯이 넘실대며 흐르고 있다. 그럼에도 불구하고 하나님은 당장 그 강물 속으로 들어가라고 여호수아에게 명령하셨다. "요단에 들어서라!"(8절) 여기서 주목할 것은, 하나님은 먼저 강물을 멈추게 해 주시지 않았다는 사실이다. 여호수아와 이스라엘 백성은 그저 하나님을 믿는 믿음을 가지고 넘실대는 물속으로 용기 있게 들어가야 했다. 즉 그들은 유리한 상황을 보고 뛰어드는 것이 아니라, 말씀에 순종하여 뛰어들면 상황이 반전할 것이라는 믿음만으로 뛰어들어야 했던 것이다. 이것은 우리에게 영적 교훈을 준다. 우리는 삶 가운데 삼킬 듯이 넘실대는 요단강을 얼마나 많이 직면하는가? 여기서 중요한 사실은, 우리가 약속의 말씀을 붙잡고 용감하게 요단강에 뛰어들지 않는 한 요단강은 결코 갈라지지 않는다는 것이다. 하나님은 기적을 일으키시는 분이지만, 그 기적의 파워를 체험하기 위해서는 먼저 우리의 순종과 믿음의 결단이 있어야 한다.

하나님은 이 어려운 명령을 지도자가 된 지 얼마 되지도 않은 여호수아에게 맡기셨다. 아무런 설명이나 대책도 없이 그저 요단강으로 뛰어들 것을 백성들에게 명령하라고 하시는 것이다. 이런 무모함에 가까운 일을 스스로 결심하고 행하는 것도 어려운데, 다른 사람들에게 그것도 2백만 명의 사람들에게 요구한다는 것은 리더로서 얼마나 힘든 일이었겠는가?

대중의 비위를 맞추는 지도자들도 많이 있다. 민주주의가 오용되어 지도자들이 대중의 비위 맞추기에 급급하다가 아르헨티나처럼 나라를 망치는 경우도 있다. 하나님의 지도자는 백성들을 살펴야 하지만, 그들에게 편하고 인기 얻을 일만 시키지는 않는다. 때로는 어렵고 힘들어도 하나님의 지도자는 하나님의 뜻을 확신하고 "갑시다! 전진합시다!"라고 외쳐야 할 때가 있는 법이다. 하나님의 지도자는 굳건한 믿음에 기초한 신념의 리더십을 발휘해야 한다.

여호수아는 신념의 지도자였다. 하나님의 명령이 떨어지자마자 그 명령을 그대로 이스라엘 백성들에게 전한다. 그 서두는 간단했다. "하나님의 말씀을 들어라!" 절체절명의 위기 앞에서, 우리 인생을 가로막고 있는 요단강 앞에서 우리에게 가장 필요한 것이 무엇인가? 진정한 위로와 힘이 되는 것은 무엇인가? 그것은 바로 하나님의 말씀이다. 대부분의 사람들이 곤경에 처하면 돈과 권력과 인맥에 의지하려 한다. 온갖 세상 방식으로 도저히 해결되지 않을 때 그제야 비로소 하나님을 찾는다. 그러나 다른 무엇보다 먼저 하나님의 말씀에서 도움을 구하는 것이 가장 현명한 태도다.

하나님께 접속되어 있으라 기적의 요단강 도하 사건에서 놓치지 말아야 할 중요한 리더십 포인트가 있다. 리더십이란 하나님께 접속되어 있는 것이다. 하나님은 아무리 사랑하고 귀히 쓰시는 리더라 할지라도 한꺼번에 모든 계획을 다 말씀해 주시지는 않는다. 여호수아는 하나님이 말씀해 주시는 것만큼만 행동에 옮겼다. 한 가지를 행하고 나서 또 하나님의 음성에 귀를 기울이면 다음 단계를 말씀해 주셨다. 그러면 또 그만큼 백성들을 움직여 나가게 했다. 리더에게는 이렇게 하나님의 음성에 귀를 기울이고, 또 돌아서서는 그 음성대로 리더십을 발휘하는 과정의 반복이 계속된다.

하나님께 접속되어 있으면 하나님이 주시는 모든 것을 공급 받을 수 있다. 인터넷에 접속되어 있으면 전자 메일, 그래픽 이미지, 음악, 정보, 게임 프로그램 등을 모두 다운로드 받을 수 있다. 마찬가지로 하나님의 음성에 항상 열려 있고, 하나님께 접속되어 있는 리더는 하나님의 지혜와 능력과 사랑을 무한정 공급 받을 수 있는 것이다.

위기에 강한 리더십

상황을 보고 좌절하지 말라 드디어 역사적인 요단강 도하가 실제로 행동으로 옮겨지기 시작했다. 그것은 2백만 백성의 역사적인 대이동이자 기적 그 자체였다. 이스라엘 백성이 여호수아를 따라 요단강을 건너려던 때는 '모맥 거두는 시기,' 즉 우리 달력으로 3, 4월 정도였다. 이스라엘 계절로 치면 겨울인데, 이 때는 비가 제일 많이 쏟아지는 우기였다. 게다가 요단강의 원천이 되는 헬몬 산의 만년설이 한참 녹아 내리는 때였다. 그래서 요단강의 상수원이라 할 수 있는 갈릴리 호수가 가장 많이 불어나는 때이기도 했다. 이 때문에 평소 폭이 30m도 안 되는 요단강이 이 시기에는 무려 1.6km로 불어났다. 수심도 3~4m 이상 깊어지고, 물살도 빨라져서 시속 16km 이상의 급류가 되어 흘렀다.

한마디로 말해서 이 시기에 노인과 어린이와 여자들이 포함되어 있고, 가축들까지 거느린 2백만여 명의 이스라엘 백성이 요단강을 건넌다는 것은 어려운 일 정도가 아니라 처음부터 불가능한 일이었다. 어려운 일은 우리가 젖 먹던 힘까지 다해 노력하거나 인맥을 동원하면 웬만큼 돌파구를 만들 수도 있다. 그러나 불가능한 일은 우리 능력 밖이다. 리더에게는 이런 절체절명의 위기가 언젠가는 찾아온다. 도무지 인간의 상식과 경험으로는 해법이 보이지 않는 거대한 벽, 이것을 어떻게 넘어야 한단 말인가? 여호수아에게는 도무지 다른 길이 없었다. 돌아갈 수도 없었다. A냐, B냐 하는 선택권은 여유 있는 사람들에게나 주어지는 것이다. 40여 년 동안 먼지투성이의 광야를 목숨 걸고 여행해 온 이스라엘 민족에게는 오직 앞으로 나가는 길밖에 없었다.

최악의 상황은 하나님이 일하시는 때다 언약궤를 멘 제사장들이 흐르는 강물 속으로 용감하게 발을 들여놓자마자 믿기 어려운 기적이 벌어졌다. 그 엄청난 요단강물이 갈라지면서 순식간에 거대한 벽이 되어 양쪽으로 쌓인 것이다. 아무리 범람하는 요단강물이라 해도 무(無)에서 말씀만으로 천지를 만드신 하나님의 능력 앞에서는 결코 문제가 될 수 없었다. 상황이 얼마나 어려우냐가 아니라 누가 행하느냐가 문제다. 아무리 어려운 문제도 천재가 손대면 금방 풀리듯이, 건너기가 아무리 불가능해 보이는 요단강도 하나님이 손을 대시면 건널 수 있는 것이다. 우리가 최악의 상황이라고 여기는 바로 그때 하나님은 시작하신다. 그때야말로 그분의 능력이 나타나는 때요, 우리의 믿음이 필요한 때다.

어떤 사람은 요단강이 갈라진 사건을 자연적인 현상이라고 주장하기도 한다. 그러나 '마른 땅'이란 말을 주목하라. 이 말은 히브리어로 사막같이 '바싹 말라 버린 땅'을 뜻한다. 장마철에 한창 물로 넘쳐나던 요단강 바닥이 마치 가뭄 때처럼, 사막처럼 바싹 말라 버렸다는 사실은 요단강이 어떤 자연적인 현상으로 갈라진 것이 아님을 의미한다.

하나님을 붙잡고 끝까지 버티라 제사장들이 언약궤를 메고 제일 먼저 강으로 들어가자 강물이 갈라졌다. 그 길로 모든 백성이 강을 건널 때까지 제사장들은 강 한가운데 서 있어야 했다. 그들은 그곳에 서서 지나가는 백성들의 얼굴을 가까이 볼 수 있었을 것이다. 놀라움과 기쁨으로 강을 건너는 백성들의 얼굴을 바라보면서 얼마나 흥분되고 자랑스러웠을까? 동료나 친지 등 잘 아는 이들이 지나갈 때는 악수라도

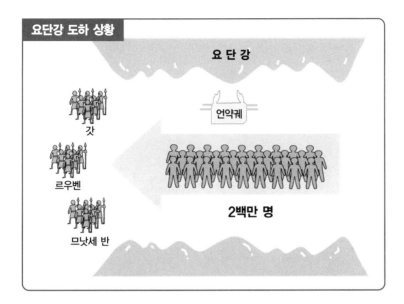

요단강 도하 상황

요단강

언약궤

갓

르우벤

므낫세 반

2백만 명

하거나 껴안고 싶었을 것이다. 서로 바라보며 흐뭇하고 뿌듯한 표정을 지었을 것이다. "우리는 하나님의 백성이다. 하나님이 우리를 위해 요단강을 가르고 길을 내셨다. 우리는 기적의 한복판을 가고 있다!" 리더와 팔로워들은 모두 감동과 흥분의 시간을 함께 나눴을 것이다.

그런 기쁨 뒤에는 리더들의 수고와 고통이 따랐다. 2백만 명이 넘는 사람들과 수많은 가축들이 짐차를 끌면서 요단강을 건너는 데는 반나절 이상의 긴 시간이 소요되었다. 제사장들은 그 긴 시간 동안 결코 가볍지 않은 묵직한 언약궤를 메고 계속 서 있어야 했다. 리더십은 결코 쉬운 일이 아니다. 백성들이 강을 건널 수 있도록 묵묵히 서서 버텨 주어야 한다. 그들이 강 한가운데 그렇게 서 있는 한 요단강은 강물이 끊겨서 물벽을 이루었고, 강바닥은 마른 사막같이 단단하고 걷기 좋은 길이었다. 그들이 들고 있던 언약궤는 하나님의 말씀, 즉 하나님을 상징한다. 하나님의 지도자들이 하나님의 말씀을 품고, 하나님과 함께 서 있으면 요단강과 같은 무서운 장애물로부터 백성들이 보호 받는다.

리더여, 아무리 힘들어도 포기하지 말라. 당신이 포기하면 팔로워들이 강물에 휩쓸린다. 당신은 하나님의 구원의 도구다. 하나님, 즉 말씀을 붙잡고 강물 한가운데에 굳게 서라. 뼈가 꺾어지고, 등이 휠 것같이 괴롭고 아프더라도 조금만 더 버텨라. 당신이 이끌고 있는 공동체가 당신의 그 인내와 고통을 발판 삼아 요단강을 건너게 될 것이다.

1999년 11월, 영국 BBC 방송이 온라인 여론 조사를 통해 '지난 1세기 최고의 탐험가 10인'을 선정했다. 마르코 폴로, 아문센 같은 위대한 탐험가들이 선정되었는데, 그 이름들 속에 어니스트 섀클턴의 이름이 포함되었다. 그는 얼핏 보면 실패한 탐험가다. 1914년 8월, 27명의 대원들을 이끌고 남극대륙 횡단에 나섰다가 배가 좌초되어, 얼음덩어리를 타고 표류하다 18개월 만에 극적으로 구조되었기 때문이다.

그러나 지금까지도 많은 사람이 그를 존경한다. 그것은 그의 배 '인듀어런스(Endurance)'라는 이름대로, 그가 수많은 죽음의 고비들을 견디어 내며 부하들을 단 한 명도 잃지 않고 살려서 함께 귀환했다는 이유에서다. 특히 그는 다섯 명의 부하들을 이끌고 6미터짜리 구명보트에 생명을 의지한 채, 얼음산과 해협을 넘어 구조를 요청하러 가는 도중 수없이 죽을 고비를 넘겼다. 섀클턴은 훗날, 그때를 회상하며 이렇게 말했다. "얼음산을 넘을 때 일행은 분명 세 명이었는데, 난 네 명처럼 느꼈다. 이상하게 생각돼 동료들에게 물어보니 그들도 그랬다는 것이다." 섀클턴은 그때 하나님의 존재를 느낀 것이다.

지금 당신 앞에 놓인 요단강, 얼음산과 같은 넘지 못할 장애물은 무엇인가? 그 앞에서 절대 절망하지 말라. 외로워하지도 말라. 당신은 혼자 그 장애물을 넘는 것이 아니다. 하나님이 당신과 함께하신다. 하나님의 말씀에 의지해 용기 있게 발을 내디딜 때 당신은 기적처럼 요단강을 건너게 될 것이다.

Bookmark for Leaders

🕯 리더의 액션 준비

- 믿음에 기초를 둔 확신 가운데 서라.
- 하나님께 늘 접속되어 있으라.
- 포기하지 말고 끝까지 버텨라.

"당신이 겪은 성공과 실패를 잊지 말고
다음 세대에게 들려주라."

거룩한 패기로
새 역사를 창조하라

여호수아 4:1-3, 19-24

여호수아는 2백만 명이 넘는 이스라엘 백성들을 이끌고 첫 번째 도전인 요단강 도하 작전을 기적적으로 성공하는 것을 보았다. 홍수로 범람하던 요단강물이 두 갈래로 갈라져 벽을 이루고, 바닥은 마른 땅으로 변한 요단강을 여호수아와 이스라엘 백성은 모두 안전하게 건널 수 있었다. 하나님의 도우심이 아니라면 절대로 불가능한 일이었다. 그런데 거의 온종일 걸려 2백만 이스라엘 백성들이 요단강을 다 건넜을 무렵, 하나님은 여호수아를 통해 뜻밖의 명령을 내리셨다. 보통 인간의 상식이나 군사적 측면에서는 전혀 상상할 수 없는 명령이었다.

열정을 전염시키는 리더십

인도하시는 만큼만 가라 요단강을 건너기 전, 하나님은 여호수아에게 이스라엘 각 지파의 대표자 12명을 선발해 놓을 것을 명령하셨다. 그 이유에 대해서는 한 말씀도 없으셨다. 백성들이 모두 요단강을 건너고 나서야 비로소 하나님은 각 지파의 대표 12명의 할 일을 지시하셨다. 하나님은 항상 자신의 계획을 한꺼번에 우리에게 알려 주시지 않는다. 사랑하는 지도자 여호수아에게도 처음에는 큰 그림만 보여 주셨을 뿐, 그것을 이뤄 가는 과정은 그때마다 한 걸음씩 인도해 주셨다. 우리 역시 하나님이 보여 주시는 만큼만 앞으로 나가면 된다. 그것은 우리를 향한 하나님의 배려요 사랑이다. 우리의 능력과 이해력에는 분명히 한계가 있기에 너무 많은 것을 한꺼번에 안다는 것은 오히려 곤혹스러운 일이다. 우리를 누구보다 잘 아시는 하나님은 한정된 우리의 능력과 감정으로 감당할 수 있는 만큼씩만 인도해 주시는 것이다. 우리는 그저 하나님이 인도하시는 대로 한 걸음씩 앞으로 내딛기만 하면 된다.

용기를 전염시키라 각 지파의 12대표들에게 하나님이 주신 사명은 갈라진 요단강 한복판, 곧 제사장들이 언약궤를 들고 서 있는 그 지점으로 다시 되돌아가라는 것이었다. 그리고 거기서 각자 큰 바위를 한 개씩 찾아서 들고 나오라는 것이었다. 이 명령을 처음 받았을 때 그들은 얼마나 황당했을까? 2백만 백성들을 독려하며 한나절 이상 걸려 건너 지나온 요단강 한가운데로 다시 돌아가라는 것이었다. 피곤한 몸을 이끌고 다시 강 한복판으로 되돌아가 무거운 바위를 들고 나오라는 것이었다. 또한 길을 만들고 양 옆으로 벽처럼 쌓여 있는 요단 강물은 언제 다시 덮칠지 모르는 상황이었다. 그들도 인간인 이상 아무리 하나님의 명령이라도 도무지 이해할 수 없었으며, 갈등하지 않을 수 없었을 것이다. 그러나 그들은 불안한 감정과 복잡한 생각들을 억누르고 즉시 그 명령에 순종하여 지체하지 않고 움직였다.

그들이 이렇게 지체하지 않고 순종할 수 있었던 까닭은 아마도 그들의 지도자 여호수아가 제일 먼저 앞장섰기 때문일 것이다. 여호수아는 큰소리로 명령만 내리고 뒤에서 팔짱 끼고 앉아 있는 사람이 아니었다. 지도자인 여호수아가 함께 들어가는 것을 보고 다른 12명도 용기백배했을 것이다. '설마 여호수아가 함께 가는데, 요단 강물이 우리를 덮칠 리는 없겠지?' 용감한 리더와 용감한 팔로워들 12명은 서로 격려하면서, 결코 쉽지 않은 과업에 다시 도전한 것이다. 용기는 전염성이 있다. 그런데 이 전염성은 위에서부터 내려온다. 용장 밑에 약졸이 없다고, 리더는 가장 먼저 용기를 보여 줘야 하는 사람이다. 리더인 당신이 주저하면 아무것도 이룰 수 없다.

영적 감각을 신선하게 유지하라 그런데 왜 하나님은 12개의 돌을 요단강 한복판에서 가져오라고 하셨을까? 그것은 요단강 도하의 기적을 기념하기 위해서였다. 이스라엘 스스로의 힘이 아닌 하나님의 능력으로 요단강을 건넌 사건을 대대로 기억하고, 기념케 하기 위해서였다. 홍수로 범람하는 요단강 가운데 있던 큰 돌들은 평지의 돌들과는 분명 달랐을 것이다. 물살에 의해 다듬어져 훨씬 매끈하고 윤기가 났을 것이다. 만약 하나님이 요단강을 가르시지 않았다면 첨단 기계 장비 하나 없는 그 당시 사람들의 힘으로는 결코 만져 보지도, 가지고 나오지도 못할 돌이었다. 그러므로 세워 놓은 그 돌들을 보는 후손들이 하나님의 놀라운 도우심으로 이스라엘이 요단강을 건넌 사건을 기억하게 될 것이었다.

우리 삶 속에서도 그렇게 기념하고 기억할 만한 곳이 있다. 요단강 바닥같이 불가능과 절망의 자리이지만 하나님의 놀라우신 도우심과 인도하심이 있었던 곳, 그곳이 바로 우리들의 '요단 가운데'이다. 거기서 들고 나온 돌로 우리는 감사와 경배의 단을 쌓아야 한다. 때로 우리는 삶이 풍족해지면 하나님을 잊어버리거나 은혜를 저버린다. 그럴 때 우리는 '요단 가운데'의 돌을 바라보며 정신을 차려야 한다. 한겨울 냉수욕에 화들짝 정신이 들듯이 그렇게 우리의 영적 감각을 신선하고 뜨겁게 유지해야 한다.

리더의 끝없는 열정

맡은 분량 이상을 하라 요단강 한복판에 도착했을 때 여호수아는 의아스러운 일을 한 가지 더 행한다. 하나님의 명령대로 12명의 대표들이 강 한복판에 이르러 큰 돌을 하나씩 파내어 돌아가기 시작했을 때 여호수아 자신은 강 중앙, 제사장들이 언약궤를 메고 서 있는 바로 그 발 앞에 12개의 돌을 원형으로 세워 놓는 것이다. 이것은 하나님이 그에게 내리신 명령이 아니었다. 이 일은 그 순간 여호수아 자신이 감격에 겨워 자발적으로 드린 찬양과 감사 그리고 예배의 표시였던 것 같다. 여호수아는 이미 하나님이 왜 강 한가운데서 12개의 돌을 가져오라고 하시는지 그 이유를 알고 있었다. 그래서 여호수아는 그 명령 외에도 스스로 강 중앙에 12개의 돌을 쌓고 하나님이 자신과 이스라엘 백성들을 위해 홍수로 범람하는 요단강을 갈라 주신 사건을 기념하기 원했다.

지도자는 꼭 자기에게 주어진 임무만 감당하는 사람이 아니다. 그는 더한 열정으로 자기에게 기대되는 것 이상의 것을 할 수 있는 사람이다. 언제 덮칠지 모르는 요단강을 2백만 백성이 건너는 위급하고 힘든 상황에서 강 한복판에서 12개의 돌을 들고 나오는 것만도 힘든 일인데, 여호수아는 그 명령을 군소리 없이 순종했을 뿐 아니라 한걸음 더 나가서 요단강 한가운데에 스스로 12개의 돌을 쌓아 하나님을 예배하는 전을 만들었던 것이다. 그야말로 여호수아는 누가 5리를 가자고 하면 5리를 더 동행하는 사람이었다. 당신도 하나님이 힘든 일을 시키시면 그 일을 기쁘게 감당할 뿐 아니라, 그것 이상의 일을 기꺼이 감당하는 사람이 되고 싶지 않은가?

끝까지 자리를 지키라 강 한가운데서 언약궤를 메고 끝까지 자리를 지켰던 제사장들과 여호수아가 존경스럽다. 그들은 백성들이 모두 강을 무사히 건널 때까지 거의 온종일 언약궤를 메고 꼬박 한 자리에 버티고 있어야 했다. 영적 지도자의 길이란 그렇게 고통스럽고 외로운 길이다. 책임과 인내가 따르는 길이다. 로마 신화에 나오는 아틀라스가 묵묵히 하늘을 떠받치고 있듯이 영적 지도자들은 하나님의 말씀을 들고 시퍼런 요단강 한가운데 묵묵히 버티고 서 있다. 백성들이 위기를 모두 벗어날 때까지 말이다.

우리는 지도자를 쉽게 비판하고 욕도 서슴지 않는다. 그러나 영적 지도자들이 미우나 고우나 그렇게 묵묵히 말씀을 붙잡고 자기 자리를 지키며, 도망가거나 포기하지 않음으로써 우리가 위험한 요단강을 무사히 건널 수 있음을 알아야 한다. 리더들에게 비난이 아니라 격려의 박수를 쳐 주자. 불평이 아니라 칭찬을 해 주자. 이스라엘의 지도자 여호수아도 마지막까지 그들과 함께 있다가 육지로 올라왔다. 진정한 리더란 이렇게 가장 먼저 진격하고, 가장 늦게 퇴각한다. 리더의 자리는 불가능 앞에 무릎 꿇지 않는 사자 같은 용기와 더불어 무쇠 같은 인내와 책임감을 요구받는 자리다. 아무나 함부로 나설 일이 아니다.

언약궤를 멘 제사장들이 마지막으로 강에서 나와 육지에 그 발바닥이 닿자마자, 나뉘었던 강물은 성난 물결로 다시 합쳐져 범람하는 이전의 강으로 흘렀다. 모든 것이 순식간에 이전의 상황으로 돌아간 것이다. 그 광경을 지켜보던 이스라엘 백성들은 그 순간 마치 꿈에서 깬 것처럼 어안이 벙벙했을 것이다. 바로 몇 시간 전까지만 해도 그토록 무섭게 이스라엘 백성들의 앞

> 리더십을 평가하려면 그의 머리에 자를 대지 말고 그의 가슴에 자를 대라.
> —존 맥스웰

리더여, 사자의 심장을 가져라

길을 가로막던 요단강이 순식간에 그들 뒤에 있었다. 이처럼 인생의 힘들고 어려운 장애물 앞에 서 있을 때는 한없이 막막해도, 하나님과 함께 지나면 순식간에 꿈같이 그 장애물을 뒤로하고 서 있게 되는 법이다. 그러므로 오늘의 어려움 앞에 너무 절망하지 말라. 언젠가는 반드시 간증으로 남게 될 것이다.

다음 세대에 대한 영적 책임

영적 지식을 전수하라 요단강을 건넌 이스라엘 백성들은 그날 밤 여리고 성에서 동쪽으로 약 3.2km 떨어진 길갈에 진을 쳤다. 이곳은 이스라엘의 가나안 정복 첫 전초 기지가 되었으며, 정복 전쟁 기간 내내 여호수아가 모든 활동의 중심지로 삼은 전략적 요충지다. 이곳에 여호수아는 각 지파의 대표들이 요단강 한가운데서 힘들게 운반해 온 12개의 돌을 기념비로 세웠다.

요단강을 건너는 긴박하고 힘든 상황 속에서 하나님이 기념비를 세우도록 시키신 것은 바로 다음 세대의 신앙 교육을 위해서였다. "후일에 너희 자손이 그 아비에게 묻기를 이 돌은 무슨 뜻이냐 하거든"(20절). 하나님은 아직 태어나지도 않은 후손들을 생각하고 계셨다. 확실히 하나님의 생각은 우리의 생각과 차원이 다르다. 당장 덮칠 것 같은 요단강을 일초라도 빨리 건너는 것이 급하건만, 하나님은 그 위급한 상황 가운데 강 한복판으로 되돌아가서 12개의 돌을 가져오라고 하셨다. 하나님의 인도하심을 기념하고 자녀들에게 대대로 가르치기 위해서였다. 우리에게는 순간의 위급한 상황을 모면하는 것이 전부인 때가 얼마나 많은가. 당장 잘 먹고 잘살고, 위기에서 벗어나는 것에만 급급하건만 하나님께 더 중요한 것이 있다. 그것은 곧 우리의 다음 세대를 위한 신앙 교육이다.

하나님은 이미 광야 시절, 여호수아의 전임자 모세의 입을 통해 이스라엘의 다음 세대 교육의 중요성에 대해 몇 번씩 경고하신 적이 있다. 신명기 8장에서 그 예를 찾아볼 수 있다. "네가 먹어서 배불리고 아름다운 집을 짓고 거하게 되며 또 네 우양이 번성하며 네 은금이 증식되며 네 소유가 다 풍부하게 될 때에 두렵건대 네 마음이 교만하여 네 하나님 여호와를 잊어버릴까 하노라…또 두렵건대 네가 마음에 이르기를 내 능과 내 손의 힘으로 내가 이 재물을 얻었다 할까 하노라 내 하나님 여호와를 기억하라 그가 네게 재물 얻을 능을 주셨음이라…여호와께서 너희의 앞에서 멸망시키신 민족들같이 너희도 멸망하리니 이는 너희가 너희 하나님 여호와의 소리를 청종치 아니함이니라"(12-20절).

이스라엘 백성들은 광야에서 배고프고 힘든 상황에서도 죄를 반복해서 지었다. 그래도 그때는 자신들의 나약한 상황을 알고 그나마 하나님께 의지하며 살았는데, 이제 물질적으로 풍성하고 평안한 때에 태어날 다음 세대는 그만큼 타락할 위험이 클 것이라는 사실을 하나님은 말씀하셨다. 그래서 부모가 정신을 바짝 차리고 자녀에게 영적 지식을 가르쳐야 한다는 것이다. 그렇지 않으면 그토록 갈망했던 물질적 풍요와 안정이 오히려 다음 세대의 영혼을 병들게 하고, 축복의 근원인 하나님을 잊어버리게 하여, 결국에는 그들의 인생을 파괴시킬 것이다.

영적 부흥의 불을 일으키라 '한강의 기적'이라는 찬사를 들으며 경제 발전을 위해 정신없이 달려온 한국. 이제는 먹고 사는 문제에서 어느 정도 해방된 오늘날, 우리 다음 세대의 모습에서 우리는 하나님의 경고가 얼마나 정확한가를 절감하고 있다. 엄청난 돈과 시간을 들이며 공부에 매달리는 우리 아이들이 학교 시험은 기가 막히게 잘 치는지 몰라도, 갈수록 그들의 정신은 황폐해지고 있음을 결코 부인할 수 없다.

바로 지금, 그 어느 때보다 우리의 다음 세대에 '영적 부흥의 불길'이 필요하다. 20세기 초는 나라가 일본에 넘어가던 민족의 수난기였지만, 그 당시 우리의 다음 세대는 선교사들이 세운 기독교 학교에서 성경을 배웠고, 기도를 배웠으며, 결코 꺾이지 않는 자유와 사랑의 정신을 배웠다. 그 당시 이렇게 교육 받은 코흘리개들이 현대 한국을 일으켜 세운 핵심 리더십이 되었다. 한 세기가 지난 오늘, 교회는 다시한 번 다음 세대의 메마른 가슴에 예수 그리스도의 사랑을 불붙여야 한다. 하나님의 말씀에 기초한 분명한 사상과 도덕성, 따뜻함과 포용력을 품게 해야 한다. 그것이 바로 오늘날 정신이 고갈된 교육에 시원한 생명수를 붓는 길이다. 고생을 모르고 풍요 속에 자란 한국의 다음 세대에게 우리는 길갈에 세운 열두 돌의 메시지를 들려주어야 한다.

미국을 비롯한 서구 선진국들의 각 분야에서 늘 톱클래스의 다수를 차지해 온 민족은 바로 유대인들이다. 그들의 우수성의 비결에 대해 스탠포드 대학교 심리학자 잰슨이 흥미로운 연구 결과를 발표했다. 그들의 기본적인 IQ는 백인과 동등하며, 오히려 일본계나 한국계보다 다소 낮다고 한다. 그렇다면 그들에게 무슨 특별한 비결이라도 있는가? 그것은 바로 부모에게서 교육 받은 신앙의 힘이다. 그들은 어릴 때부터 하나님께 선택 받은 민족이라는 특별한 자부심을 전수 받는데, 그것으로 인해 그들은 어느 곳에서 어떤 천대를 받아도 기죽지 않고 당당한 꿈을 갖고 산다고 한다. 하나님의 법대로 살면 어디에서든 최고가 될 수 있다는 자신감이 충만해서 무슨 분야에 뛰어들든지 머리가 되겠다는 비전이 확실하다는 것이다. 그들은 자신의 삶이 하나님의 꿈을 이루는 결정체임을 알고 있는 것이다.

한편 미국의 명문 아이비리그에 재학하고 있는 한국 대학생들의 70%가 성적 하위권에 속한다고 한다. 분명히 입학할 때는 성적이 백인 학생들과 비등한데, 입학 후 시간이 지날수록 점차 성취 수준이 낮아진다고 한다. 하버드 대학교에서는 낙제를 하면 일년 정학을 시키는 제도가 있는데, 수년 전 10명의 아시아계 낙제생 중 9명이 한국인이었다고 한다. 놀란 하버드 대학교 학자들이 연구해 본 결과, 이들 한국계 낙제생들은 하버드 대학교 입학만을 인생의 목표로 삼았지 그 이상의 장기적인 인생의 목표와 꿈이 전혀 없었다고 한다.

우리 아이들에게 아무리 공부를 열심히 가르쳐도 그들에게 하나님의 꿈과 약속을 심어 주지 못하면, 그들의 인생은 아무 의미와 가치가 없는 인생으로 전락하고 말 것이다. 다음 세대에게 무엇보다 시급한 것은 신앙의 힘을 체험케 하는 것, 곧 영적 부흥이다. 이에 대한 인식은 바로 부모가 자녀들에게 들려주는 길갈의 열두 돌 스토리, 즉 하나님의 스토리에서부터 흘러나오는 것이다.

체험 신앙을 들려주라 미국의 대참사 9. 11 테러가 일어난 뉴욕의 쌍둥이 타워가 서 있던 곳에는 숨진 수천 명의 사람들을 기리는 기념비가 서게 될 예정이다. 인천항에 가 보면 인천 상륙 작전의 영웅 맥아더 장군의 동상이 서 있다. 노르망디 해안에 가 보면 연합군의 상륙 작전을 기념하는 위령비가 서 있다. 길갈의 열두 돌도 엄청난 역사의 현장을 기념하는 상징적인 건축물 가운데 하나였다. 그러나 기념비 자체만 가지고는 의미가 없다. 거기에 각자의 살아 있는 경험, 감동의 스토리가 있어야 하는 것이다. 우리의 자녀들에게 남의 얘기가 아닌, 나의 가슴에서 우러나온 내 체험담을 들려줘야 의미가 있다.

하나님이 12명의 대표를 선출할 때 이스라엘 각 지파에서 힘센 사람 우선으로 아무나 선출하지 않고, 일부러 각 지파의 리더들을 뽑아 보낸 이유가 있다. 그들은 모든 이스라엘 가족, 가문, 부족들의 대표들이었다. 그들은 각자 여호수아의 명령대로 요단강 가운데서 자기가 직접 가져온 돌에 특별한 문장도 새기고 잘 보존하여 자기 후손들에게 전했을 것이다. 그들에게는 12개의 돌 전체가 주는 의미 이상으로, 자기가 직접 가져온 그 한 개의 돌의 의미가 컸다.

이와 마찬가지로 부모에게는 자신만의 스토리, 자신의 삶 속에서 하나님을 만난 생생한 체험담이 있어야 한다. 그것을 자녀에게 겸손하고 진실하게 들려주라는 것이다. 하나님을 빼 버린 껍데기 가르침을 주지 말고, 하나님을 중심으로 한 부모로서의 진실한 얘기를 들려줘야 한다. 구약 성경을 보면 바로 그것이 하나님이 명하신 자녀 교육의 핵심이다. 결국 부모가 하나님을 진실하게 만나 요단강을 기적 가운데 건너고 길갈에 돌을 세운 체험이 없다면, 자녀가 하나님의 사람으로 성장하기를 바란다는 것은 어불성설이다.

자녀 교육은 대충대충 그냥 되는 것이 아니다. 시간을 들여야 하고,

정성을 쏟아야 한다. 부모가 열정으로 거듭 가르치는 믿음의 훈련 없이는 이 세상의 가치관과 문화의 영향력에서 자녀들을 지켜 낼 수가 없다. 하나님은 화급을 다투는 요단강 도하 한가운데서 길갈의 열두 돌을 가져오게 하실 정도로 자녀 교육 문제를 중요하게 여기셨다. 당신도 오늘 당장 바쁘고 힘든 현실의 일을 멈추고 스스로에게 한 번 물어보라. 오늘 자녀에게 어떤 하나님의 이야기를 들려주고 있는가?

—◦—

길갈(Gilgal)은 히브리어로 '굴러간다' 혹은 '둥근 원'이란 뜻이다. 길갈에 열두 돌을 세웠다는 것은, 홍해를 건넌 것같이 하나님의 인도하심에 따라 요단강을 건너 새로운 땅으로 왔다는 의미다. 즉 수백 년 동안 노예로 살았던 애굽 땅, 곧 한과 절망과 고통으로 얼룩졌던 과거와 단절하고, 비전과 소망이 살아 숨쉬는 새로운 기회의 땅으로 왔다는 것이다. 그러나 그 가운데 육체는 옮겨 왔는지 몰라도, 아직도 정신과 영혼은 과거의 노예근성을 버리지 못한 사람이 섞여 있을 수 있다. 그들에게는 남을 원망하고, 비겁하며, 열등감이 많고, 남에게 의지하려는 등의 부정적인 노예 근성이 아직 남아 있다. 그래서 하나님은 요단강을 넘는 바로 그 순간 이스라엘 백성들에게 길갈에 열두 돌을 세우게 함으로써 이제 완전한 새 사람, 새 민족으로 다시 태어났음을 상기시키신 것이다.

우리 한국 사람들은 "다 타고난 팔자소관이야", "내 운명이지 뭐!" 하면서 너무 쉽게 체념하는 경향이 있다. 고통을 견디는 데는 익숙하지만, 고통의 원인을 찾아 제거함으로써 새로운 차원으로 도약하겠다는 패기가 없었다. 구약 성경에서 가장 위대한 왕 다윗은 젊은 시절에 광야의 토굴로 도망 다녀야 했다. 그는 그 힘든 시간에도 시를 썼다. "내가 새벽을 깨우리로다!" 이것은 그야말로 기가 막힌 말이다. 자기가 새벽을 깨우겠다니, 실로 엄청난 말 아닌가? 다가오는 역사를 그냥 덤덤히 맞이하거나 손놓고 앉아서 당하고 있지는 않겠다는 보이지 않는 각오가 이 말 속에 들어 있다. 하나님을 믿는 내가 역사의 주도권을 잡고 나가겠다는 것이다.

그 어떤 인간도 정확히 미래를 예측할 수는 없다. 그러나 어떤 미래가 와도 현명하고 힘 있게 대처할 수 있는 능력을 갖추고 있으면 된다. 우리는 바로 이런 거룩한 패기와 배짱을 가지고 새 역사를 창조해 가는 민족이 되어야 할 것이다.

Bookmark for Leaders

✿ 다음 세대를 위한 리더의 책임

- 하나님을 아는 지식을 가르쳐라.
- 체험 신앙을 들려주라.
- 미래를 준비하는 능력을 길러 주라.

도전하는
리더

"영적 리더십의 파워는 하나님께
지휘권을 내어 드리는 데서 나온다."

영적 리더십을
견고히 세우라

여호수아 5:1–3, 10–15

백전 백승의 명장으로 유명했던 로마 황제 줄리어스 시저는 자신의 전쟁기를 직접 자세하게 쓴 것으로도 유명하다. 게르만 민족과의 대전쟁을 그린 「갈리아 전쟁기」 등은 매우 유명한 작품이다. 그런데 시저의 전쟁기 속에 특이할 만한 것은, 만반의 전쟁 준비를 다 갖추고 이제 막 손에 땀을 쥐게 하는 적과의 혈투가 벌어져야 할 시점에 느닷없이 딴 얘기를 기술하고 있다는 사실이다. 뜬금없이 그 지방의 풍속, 지형의 특색, 사람들의 모습에 대해 자세히 기록하고 있다. 후세 학자들은 이에 대해 이렇게 말한다. "다른 장군들과는 달리 시저에게 있어서 전쟁의 목적은 단순히 싸움을 이기는 것이 아니라 궁극적으로 그 지방을 통치하는 것이기 때문이다."

여호수아의 리더십 이야기에서도 상식적으로 이해하기 힘든 쉼표를 보게 된다. 범람하는 강물이 갈라지는 기적 가운데 무사히 요단강을 건넌 이스라엘 백성은 가나안 땅에 역사적인 첫 발을 디뎠다. 바로 몇 킬로미터 앞에는 가나안 전쟁의 제1차 관문인 여리고 성이 기다리고 있었다. 요단강을 둘로 가르는 하나님의 기적을 체험한 터라 이스라엘 군사들의 사기는 하늘을 찌를 듯했다. 반면에 가나안 사람들은 공포에 휩싸여 떨고 있었다. 5장 1절에는 가나안의 모든 왕들이 하나님이 이스라엘 백성들을 위해 요단강을 갈라 주신 소식을 듣고 정신을 잃고 전의를 상실할 정도였다고 기록되어 있다. 아군의 사기는 최상이고, 적의 사기는 최악이었다. 군사작전은 타이밍이 생명인만큼 이스라엘은 곧바로 이 절호의 찬스를 놓치지 말고 노도와 같이 진격해 들어가야 할 순간이었다.

그런데 여기서 하나님은 모든 군사 행동을 일체 멈출 것을 명령하신다. 그리고 모든 남자들로 하여금 할례를 받고, 며칠 후 회복된 뒤에는 유월절 절기를 지키라는 명령을 내리신다. 그리고 총사령관 여호수아를 독대하신다. 이스라엘이 요단강을 건넌 것은 정월 10일이었다. 그런데 하나님이 명령하신 사건들이 일어나는 데는 그 이후로 최소한 열흘은 걸렸다. 일분 일초가 급박한 군사 작전에서 이해할 수 없는 브레이크를 거신 것이다. 그것도 전쟁 준비가 아닌, 전쟁과는 전혀 상관

없는 명령을 내리셨다.

　우리는 여기서 하나님의 생각은 우리의 생각과 다르다는 사실을 또한 번 확인할 수 있다. 앞장에서 우리는 요단강을 건너는 그 긴박한 상황 가운데 12명의 대표를 선출해 강 한가운데서 12개의 돌을 가져와 길갈에 쌓아 놓게 하신 일을 통해 우리의 생각으로는 미칠 수 없는 하나님을 발견했다. 하나님은 단순히 싸움에서 이기고 지는 것 이상을 생각하고 계셨던 것이다. 그분은 당장 오늘의 위급한 상황을 돌파하는 것보다 더 중요한 무언가를 보고 계셨다. 당장 코앞에 다가온 시험을 패스하고, 사업에 성공하는 것보다 더 중요한 무언가가 우리에게 필요하다는 것이다. 하나님은 우리의 인격과 생각과 마음이 진정한 승리자의 그것으로 다듬어지기를 원하셨다. 승리를 위해서는 우리 스스로의 영혼을 가다듬는 준비가 필요했던 것이다.

영적 숨고르기

　약속의 땅 가나안에 마침내 발을 디딘 이스라엘 백성들에게 하나님이 내리신 첫 번째 명령은 할례를 받으라는 것이었다. 사실 할례 의식은 다른 나라들에서도 시행되었다. 그러나 다른 나라들에서는 성인 의식이나 위생상의 이유에 초점이 맞추어진 반면, 이스라엘 민족에게 있어서 할례는 하나님과의 언약의 상징이라는 특별한 의미를 지녔다.

　그 기원을 따지자면 이스라엘 민족의 시조라고 불리는 아브라함에게로 거슬러 올라간다. 늙도록 자식이 없었던 아브라함, 그러나 항상 하나님을 사랑하고 순종했던 그에게 하나님은 그의 자손이 하늘의 별처럼 많아질 것을 약속하셨다. 그 약속의 증표로 태어나는 모든 이스라엘 남자 아이들은 출생 8일 만에 다 할례를 받게 하셨다. 하나님의 특별한 축복이 흘러내리는 민족이라는 상징이었다. 그런데 난 지 8일째 되는 이스라엘 남자들은 당연히 받게 되어 있는 할례를 새삼스럽게 요단강을 건너 새 보금자리가 될 가나안 땅으로 건너오자마자 받으라고 하시는 이유는 무엇인가? 그것도 가나안 정복 전쟁의 첫 관문이 될 여리고와의 전투 직전에 말이다.

순종의 사람이 되라 알다시피 이스라엘 백성들은 40년 전까지 애굽에서 수백 년이 넘게 노예 생활을 했었다. 노예 생활 와중에서도 남자들은 계속 할례를 받았다. 그러다가 하나님이 보내신 지도자 모세의 리더십 아래 이스라엘 백성들은 애굽을 탈출하여 하나님의 기적으로 홍해를 건넜다. 그런데 문제는 이렇게 놀라운 기적을 체험했으면서도 이스라엘 백성들은 끊임없이 하나님을 의심했고, 불평 불만만 쏟아 놓은 데 있었다.

애굽을 탈출한 이스라엘 백성들은 원래 홍해를 건너 40일이면 광야 길을 횡단하여 가나안 땅에 들어갈 수 있었다. 그런데 가나안 땅을 정탐하고 돌아온 정탐꾼들이 가나안에 살고 있는 이방 민족들의 호전적이고 장대한 기골들에 대해 과장해서 전했다. 이 말에 지레 겁에 질린 이스라엘 백성들은 모든 것을

> 올바로 볼 수 있는 것은 오직 마음을 통해서뿐이다. 진실로 중요한 것은 눈에 보이지 않는 법이다. — 앤터니

포기하고 애굽으로 돌아가자며 하나님을 원망했다. 그들은 왜 자기들을 애굽에서 끌고 나왔냐고, 왜 노예 생활에서 해방시켰냐고 대들고 일어났다. 그야말로 물에 빠진 사람 건져 줬더니 보따리 내놓으라는 격이었다. 심지어는 하나님의 지도자 모세를 죽이려고까지 했다. 그토록 큰 은총을 그들에게 부어 주신 하나님에 대한 무서운 반역이었다. 이러한 배은망덕에 화가 나신 하나님은 이스라엘 백성들에게 벌을 내리셨다. 40일이면 통과할 수 있는 광야를 40년 가까이 방황하게 될 것이며, 광야 생활 가운데 여호수아와 갈렙을 제외한 20세가 넘는 남자들은 모두 죽고 그 후에 태어난 세대들만 축복의 땅인 가나안으로 들어갈 수 있게 될 것이라고 말씀하셨다. 그 무서운 벌과 함께 하나님은 이스라엘 남자 아기들에게 행해졌던 할례 의식도 금지시키셨다.

할례는 하나님의 축복을 받는 특별한 백성들의 상징이었지만, 그 축복은 오직 하나님을 사랑하고 하나님의 리더십에 순종할 때만이 유효한 것이었다. 따라서 할례의 순종은 바로 하나님을 향한 순종의 사람이 되기 위한 첫 단계였다. 이스라엘이 하나님을 불순종하는 동안에 할례는 중단될 수밖에 없었다. 결국, 그렇게 이스라엘 백성들은 광야의 모진 방랑 생활을 40년이나 해야 했고, 그 동안에 출애굽 1세대들은 모두 죽고 새로 태어난 아이들은 할례를 받지 않은 채로 자라나서 성인이 되었던 것이다.

축복을 담을 만한 그릇이 되라 이제 요단강을 건넘으로써 이스라엘 백성의 광야 생활은 끝이 났다. 그들의 불순종과 반란에 대한 하나님의 징계도 마무리되었다. 하나님은 길갈에서 할례를 행하라고 명령하셨다. 그러면서 "애굽의 수치를 굴러가게 하겠다"고 하셨다. 길갈이란 지명에는 '굴러간다'는 뜻이 담겨 있다. 애굽 노예 생활에서 탈출한 지는 40년 전 일인데, 이제야 애굽의 수치를 벗는다니 무슨 말인가?

평생 범죄자로 살던 사람은 아무리 마음을 잡아도 한동안은 옛날의 방탕하던 삶의 습관에서 좀처럼 헤어나지 못한다고 한다. 종 문서를 불태우고 노예 신분에서 해방시켜 줘도 그들이 한 사람의 책임 있는 자유인으로 바로 서기까지는 한참 시간이 걸린다. 나쁜 것도 익숙해지면 그것을 끊어 버리기가 쉽지 않은 법이다. 그래서 하나님은 이스라엘 백성들로 하여금 40년간의 광야 생활을 하게 하셨다. 수백 년간의 노예 생활로 인해 노예 근성이 몸에 밴 이스라엘 백성들로 하여금 광야 생활을 하는 40년 동안 그 나쁜 옛 습성의 때를 벗어 버리게 하신 것이다.

애굽에서의 노예 근성은 이방 신들을 숭배하고, 좌절감과 패배감에 젖어 살며, 서로를 원망하고 남에게 늘 의존하며, 비겁하고, 아무 꿈 없이 하루 일하고 하루 먹고 사는 그런 습성이었다. 거기에는 꿈, 기쁨, 사랑, 믿음, 화목, 생명 등 하나님의 사람이라면 가져야 할 풍성한 삶의 열매들이 없었다. 하나님과의 관계가 하나님께 불순종함으로 깨졌기 때문이다. 그래서 그들은 모래 바람이 가득한 광야에서 뼈를 깎는 연단을 받았던 것이다. 그로 인해 이제 그들은 책임 있는 자유인, 풍성한 가나안 땅을 받을 만한 믿음과 인격을 갖춘 성숙한 하나님의 사람들로 다듬어졌다. 하나님은 축복을 주시기 전에 먼저 그 축복을 감당할 만한 그릇으로 우리를 빚으신다.

믿음의 테스트를 통과하라 여리고 성을 코앞에 둔 거리에서 이스라엘 남자들로 하여금 할례를 받게 하신 것은 하나님의 엄청난 믿음의 테스트이기도 했다. 의학적으로 남자들이 할례를 받고 정상적인 몸 컨디션으로 회복되는 데는 최소한 며칠이 걸린다. 이것은 곧 눈을 시퍼렇게 뜨고 있는 적군 앞에서 완전히 무장 해제가 된다는 것을 의미한다. 상식적으로 보면 자살 행위나 다름없는 무모한 행위였다.

가나안의 군사들은 하나같이 거구였고, 당시 고대 중동에서 가장 무서운 정예병들이었다. 숫자도 압도적으로 훨씬 많았다. 즉 객관적 전력으로는 게임이 안 되었다. 하지만 처음부터 전쟁은 이스라엘의 손에 있는 것이 아니었다. 하나님이 이스라엘 백성과 함께하셨기 때문에 가나안 군대는 생전 처음으로 공포에 사로잡혀 이스라엘을 두려워했던 것이다. 초자연적인 승리와 기적이 하나님을 모르는 사람들의 눈에도 확연히 드러났기 때문이다.

5장 1절에서 가나안의 모든 왕이 마음이 녹고 정신을 잃을 정도로 이스라엘을 두려워한 이유는 하나님이 이스라엘을 위하여 요단강을 갈라 주셨기 때문이다. 그들은 이스라엘이 강하다는 사실을 두려워한 것이 아니라 하나님이 이스라엘과 함께하신다는 사실 앞에 두려워했던 것이다. 이 말을 거꾸로 해석하면, 우리의 강함은 하나님과 함께 있음으로써만 가능하다는 것이다. 하나님이 함께하시지 않는 이스라엘이 아무것도 아니듯이, 하나님이 함께하시지 않는 인간 역시 아무것도 아니다. 우리는 교만을 버려야 한다. 그리고 인생에서 위기의 순간을 만나면 조급해하거나 당황하지 말고 하나님 앞에 조용히 엎드려야 한다. 본문에서 이스라엘이 할례를 받아야 하는 이유가 여기에 있는 것이며, 오늘날 내 상식과 지혜로 이해할 수 없는 하나님의 명령에 순종해야 할 이유가 바로 여기에 있는 것이다.

고난을 기억하는 은혜

40여년 만에 할례 의식을 재개시킨 하나님은 또 한 가지 의식을 40년 만에 재개시킨다. 그것은 유월절을 지키는 일이었다. 유월절은 영어로 'Pass Over', 즉 '그냥 지나가다'는 뜻이다. 40년 전 이스라엘 백성들이 애굽에서 나오려 할 때 애굽 왕은 당연히 반대했다. 그가 고집을 꺾지 않자 하나님은 열 가지 무서운 재앙을 애굽에 내리셨다. 그 마지막 재앙이 바로 장자의 죽음이었다. 밤에 죽음의 천사를 보내서 애굽의 모든 첫째 아들과 동물의 첫 새끼를 죽이신 것이었다. 하지만 이 때 이스라엘 백성들은 양을 죽여 그 피를 문설주에 발라 놓았는데, 죽음의 천사가 그 집들은 그냥 지나갔다. 죽음의 저주가 하나님의 은혜로 넘어갔다고 해서 이 날을 '유월절(Pass Over)'이라 부르게 되었고, 하나님은 그 유월절을 우리 나라의 추석 명절처럼 이스라엘의 대명절로 지킬 것을 명령하셨다. 그러나 앞에서 언급한 광야의 반란 사건이 있었을 때 할례 의식과 함께 유월절 지키는 일도 중단되어 버렸다. 그 후 40년이 흘렀던 것이다.

은혜를 기억하라 전쟁을 눈앞에 둔 이 긴박한 시점에 유월절을 다시금 지키라는 것은 하나님의 크신 능력으로 그들이 애굽을 탈출할 수 있었고, 수없는 고비를 넘기면서 마침내 약속의 땅 가나안에 입성할 수 있었다는 사실을 폐부에 새기라는 의미다. 우리는 어떤 일이 닥치면 하나님밖에 없다고 열심히 기도하다가, 일단 그 일이 무사히 넘어가면 자신의 힘으로 된 것처럼 자랑하는 경향이 있다. 유월절은 이러한 우리의 착각과 오만을 버리고, 구원자 하나님을 깊이 생각할 수 있는 기회가 된다.

유월절을 지키라는 것은 문설주에 발라 놓은 어린양의 피 때문에 죽음의 천사가 넘어갔다는 것을 기억하라는 뜻이다. 생명을 지켜 준 것은 바로 어린양의 피였다. 그 어린양은 바로 우리를 위해서 돌아가신 예수 그리스도를 상징한다. 우리는 오직 예수님의 죽음, 예수님의 십자가로 인해서 구원 받았음을 잊지 말아야 한다. 그분의 놀라운 사랑과 희생으로 살아났기 때문에 항상 고맙고 겸손한 마음으로 살아야 한다. 우리는 한 순간 한 순간 지금까지 알았든 몰랐든 하나님의 은혜로 용서 받고 보호 받으면서 살아 왔다. 그래서 늘 하나님께 "감사합니다"라는 고백을 잊지 말고 해야 한다. 그래야 성공해도 오만해져서 남을 무시하거나 스스로 타락하지 않는다.

하나님은 이스라엘 백성들에게 유월절에 무교병, 즉 누룩(yeast)이 들어가지 않은 빵을 먹으라고 하셨다. 누룩은 부풀리는 발효 기능이 있어 음식의 본래 모습을 변질시킨다. 또 잘 상하므로 음식물을 부패시킬 수 있다. 그래서 누룩은 영적으로 인간을 상하게 하고 부패하게 하는 것, 곧 죄로 오염시키는

> 어떤 상황에서도 감사하는 법을 훈련해 온 사람의 삶은 엄청난 보상으로 가득할 것이다.
> — 벌 번팅

영적 리더십을 견고히 세우라

것을 상징한다. 그러므로 하나님이 누룩이 들어가지 않은 빵을 먹으라고 하신 명령에는 진실하고 거룩한 마음을 가지라는 뜻이 담겨 있다. 아무리 가진 것이 많고, 아무리 똑똑한 사람들이라 해도 하나님 앞에 정직하고 반듯한 영혼을 갖고 있지 않으면 언제 어떻게 넘어질지 모른다.

또한 누룩을 넣지 않은 빵은 맛이 없다. 이것은 애굽 생활의 고난을 잊지 않고, 늘 오늘의 은혜에 감사하며 살라는 뜻이다. 과거에 얽매여 사는 것은 옳지 않다. 하지만 과거의 고난은 우리로 하여금 늘 겸손하게 하고, 모든 것에 감사하는 마음을 갖게 한다. "환난의 때를 쉽게 망각하면 그보다 더한 환난으로 들어가게 된다"는 말이 있지 않은가? 과거의 고난을 잊지 않는 것도 환난을 피하는 한 가지 방법이다.

정확한 하나님의 타이밍에 감사하라 이스라엘 백성이 하나님의 명령에 순종하여 할례와 유월절 의식을 거행함과 동시에 하나님은 만나를 그치게 하셨다. 만나가 무엇인가? 풀 한 포기 없는 광야를 40년 동안 헤맬 때, 2백만 이스라엘 백성들이 굶어 죽지 않도록 하나님이 매일 하늘에서 내려 주시던 양식이었다. 그것이 요단강을 건너 가나안 땅의 곡식을 먹은 바로 그 다음날에 그쳤던 것이다.

이스라엘 백성들이 가나안에 들어갔을 때는 막 추수철이 시작되었을 때였다. 그래서 가나안 땅 어디에서나 풍성한 곡식을 구할 수 있었다. 게다가 가나안 사람들이 이미 이스라엘 백성들에 대한 소문을 듣고 두려워했기 때문에 곡식 구하는 것이 그다지 어렵지 않았을 것이다. 이처럼 하나님이 우리 인생을 인도하시는 타이밍은 기가 막히게 정확하다. 추수철이 아닌 때에 가나안에 들어왔다면 이스라엘은 계속

하늘에서 내려오는 만나를 필요로 했을 것이다. 그러나 하나님은 정확하게 추수철에 들어오게 하심으로 양식 문제를 깨끗하게 해결해 주셨다. 이처럼 하나님은 가장 적절한 때에 가장 적절한 방법으로 우리를 인도하신다. 그러므로 우리는 언제 어느 곳에, 그리고 어떤 형편에 처하든지 간에 전혀 염려할 것이 없다.

이스라엘 백성을 향한 하나님의 섭리는 여기서 그치지 않는다. 이스라엘 백성은 당장 그 다음 해부터 자기들 손으로 땀 흘려 농사를 지어 그 열매를 먹어야 했다. 축복은 믿음의 성숙도에 따라서 다른 방식으로 주어진다. 갓난아기 때는 부모가 모든 것을 다 챙겨 주지만, 차츰 커 가면서 자기 힘으로 해 나가야 한다. 현명한 부모는 자녀가 어릴 때는 고기를 잡아 주지만, 점점 자랄수록 고기 잡는 법을 가르쳐 준다. 하나님이 바로 우리에게 그렇게 하신다. 투정하는 어린아이처럼 아무 것도 하지 않은 채 늘 하나님이 떠먹여 주기만을 기다려서는 안 된다. 믿음이 성장할수록 우리는 자신이 할 일을 스스로 감당할 줄 아는 성숙하고 책임 있는 사람들이 되어야 한다. 우리에게는 광야 시절처럼 하나님이 무조건 다 책임지고 먹여 주시는 때가 있다. 그러나 우리가 점점 자라고 성숙해지면 스스로 일해서 먹게 하신다. 물론 스스로 일할 수 있는 힘과 환경도 하나님이 주시는 복임을 잊어서는 안 된다.

주도권 내어 드리기

이스라엘 백성들이 이렇게 스스로를 하나님 앞에서 성결케 하고 있었을 때, 새 지도자 여호수아는 여리고 성 근처로 가서 전략을 구상했다. 이스라엘을 이끌어야 할 여호수아가 홀로 여리고 주위로 가서 정찰하는 모습에서 우리는 리더의 고독과 책임감을 읽을 수 있다. 아무리 하나님이 함께하신다지만, 고대 중동의 최고 전사들인 가나안 부족들을 상대로 전혀 정규 전투 훈련 경험이 없는 백성을 이끌고 나가 전쟁을 한다는 것이 두렵지 않을 수 없었다. 그래서 여호수아는 위험을 무릅쓰고 여리고 가까이 가서 치밀한 전략을 수립하려 했을 것이다. 좋은 질문이 없으면 좋은 대답도 없다. 고민하고 생각하며, 치열한 영혼의 몸부림이 없으면 작은 돌파구 하나도 열리지 않는다. 어찌 보면 리더는 모두가 잠자고 있는 때에 홀로 일어나 고민하고 연구하며 노력하고 준비하는 사람이다. 보이지 않는 곳에서 땀 흘려 준비하는 사람인 것이다. 하나님은 이런 사람에게 찾아오신다.

하나님 편에 서라 홀로 정찰하던 여호수아는 홀연히 나타나 자기 앞을 가로막는 한 사람과 맞닥뜨린다. 그는 칼을 뽑아들고 서 있었다. 군대의 서열상 이스라엘에서 감히 총지휘관인 여호수아 앞에서 칼을 뺄 수 있는 사람은 아무도 없었다. 바로 코앞에 여리고 성을 둔 곳이었으므로 더욱 놀랐을 것이다. 그러나 여호수아는 대담했다. 두려워하지 않고 척척 앞으로 걸어가서 물었다. "너는 우리를 위하느냐 우리의 대적을 위하느냐?" 이것이 보통 모든 사람들이 인생을 보는 시각이다. 무엇이 옳고 그른지, 무엇이 더 적합하고 합리적인 것인지에 대한 관심보다 과연 내 편이냐 아니냐가 더 중요한 것이다.

그러나 하나님의 시각은 우리와 다르다. "아니라 나는 여호와의 군대 장관으로 이제 왔느니라." 그 한마디에, 그리고 그가 뿜어 내는 엄청난 위엄에 여호수아는 땅에 엎드려 절했다. 그것은 경배의 행위다. 이로 미루어 보아, 여호수아는 자기 앞에 서 있는 이가 바로 하나님임을 알아본 것이다. 천사를 그렇게 경배하지는 않기 때문이다. 여기에서 우리가 주목할 것은 여호수아가 하나님을 알아본 것이 우연이 아니라는 사실이다. 일상 가운데 깊이 하나님의 말씀을 묵상하고, 항상 하나님을 사랑하고 순종하던 그였기에 금방 하나님을 알아볼 수 있었던 것이다. 하나님과 친한 사람은 하나님의 음성을 빨리 알아듣는다. 하나님과 친밀하면 하나님의 뜻도 빨리 깨닫는다.

여호수아가 만난 분이 하나님이라는 사실, 그분에게 여호수아가 경배를 드렸다는 사실은 그 다음 구절에서도 확인된다. "네 발에서 신을 벗으라 네가 선 곳은 거룩하니라"(15절). 이것은 모세가 처음 지도자가 될 때 하나님을 만난 장면과 아주 흡사하다. 하나님의 리더는 항상 겸손히 하나님 앞에 무릎 꿇으며 하나님을 만나는 것으로 시작한다. 하나님은 네 편, 내 편을 따지는 우리의 편협한 마인드를 깨뜨리기를 원하신다. 우리가 눈을 들어 하나님을 알아보기를 원하신다. 우리 편에 하나님을 끌어들이려고 하지 말고, 하나님 편에 우리가 서기를 원하신다.

지휘권을 내어 드리라 여호수아는 하나님이 자신을 돕기 위해 온 것이 아니라 자신을 대신하여 지휘관이 되려고 오셨다는 것을 깨달았다. 2백만 백성을 이끌고 있는 여호수아 같은 대지도자, 즉 절대 권력자가 다른 사람에게 리더십을 양보하기란 쉬운 일이 아니다. 자존심 때문에라도 쉽게 양보하지 못한다. 그러나 여호수아에게 정말 중요한 것은 자신의 자존심이나 명예가 아니라, 전 민족의 안녕이었다. 그가 하나님께 굴복하길 거절했다면, 이스라엘은 여리고 성이라는 거대한 상황을 결코 돌파하지 못했을 것이다.

인생에서 가장 어려운 것 중 하나는 자신의 무기력함을 인정하고, 대의를 위해서 자신보다 탁월한 사람에게 자리를 양보하는 것이다. 얼마나 많은 위대한 역사의 지도자들이 이 결단을 내리지 못한 채, 끝까지 자기가 아니면 안 된다고 고집하다가 큰 비극들을 초래했는가? 하지만 하나님의 사람 여호수아는 훌륭한 결단을 내린다. 하나님 앞에 무릎 꿇고 지휘권을 깨끗이 양도한다. 이때가 리더의 가장 위대한 순간이다. 하나님께 내 인생을 이끌 권한, 내가 이끌고 있는 사람들을 다스릴 권한을 깨끗이 넘겨 드리는 순간 말이다.

지휘권 이양과 함께 여호수아는 전쟁을 승리로 이끌 책임도 넘겼다. 이때까지 그는 모든 것을 자신의 지혜와 전술에 의존해야 했다. 책임감과 걱정으로 밤새 잠을 이루지 못할 만큼 스트레스에 눌렸다. 그러나 이제 하나님께 그 책임을 넘겨 드림으로써 여호수아는 홀가분하고 자유롭게 되었다. 자유함과 평안함, 기쁨과 자신감을 누릴 수 있게 된 것이다. 인간의 불행은 자신이 감당할 수 없는 짐을 지려는 것, 자신의 힘으로는 도저히 질 수 없는 무거운 책임을 지려는 데서 시작된다. 찬송가 487장에 "주께 고함 없는 고로 복을 얻지 못하네"란 가사가 있다. 당신의 가족, 회사, 교회, 공동체의 지휘권을 모두 하나님께 내어 드리라. 우주를 다스리시고 하늘의 군대를 마음껏 움직이시는 그분의 손에 말이다.

하나님이 약속하신 새 땅에 들어오자마자, 이스라엘 백성은 적을 코 앞에 두고 승리를 위한 준비를 했다. 어떤 준비인가? 첫째, 할례를 받았다. 그것은 자기 맘대로 살던 옛 모습을 버리고 하나님만 따르겠다는 순종의 다짐이었다. 둘째, 유월절을 지켰다. 그것은 자신의 힘으로 여기까지 온 것이 아니요, 하나님의 은혜와 용서로 여기까지 왔음을 인정하는 겸손과 감사의 다짐이었다. 셋째, 만나가 그치면서 수고의 열매를 먹게 되었다. 늘 받아먹기만 하는 어린아이의 믿음에서 벗어나, 땀 흘려 일하는 성숙한 백성으로서의 책임감이었다. 마지막으로 이스라엘의 총지도자 여호수아가 하나님께 모든 지휘권을 양도해 드렸다. 하나님의 리더십에 인간의 리더십이 100% 순종하는 완전한 항복이었다.

순종, 겸손, 감사, 성숙, 항복. 따르는 백성들과 지도자 여호수아 모두 여리고 성 앞에서 이 과정을 거쳤다. 이로써 승리를 위한 준비가 끝났다. 이제 전쟁을 통해 그 승리를 확인하는 일만 남은 것이다.

Bookmark for Leaders

🏅 성공을 위한 리더의 영성

- 하나님께 순종의 다짐을 하라.
- 겸손과 감사를 잊지 말라.
- 성숙한 백성의 책임감을 가지라.
- 하나님의 리더십을 따르라.

"단 한 바퀴만 덜 돌았어도 여리고는
결코 무너지지 않았을 것이다.
믿음의 리더십은 끝까지 포기하지 않는 것이다."

믿음으로
전진하라

여호수아 6:1–5, 20–21

요단강을 건너 열흘이 넘는 시간 동안 스스로를 정결케 하며 준비한 이스라엘 백성들, 그리고 하나님께 완전히 지휘권을 맡긴 지도자 여호수아. 이제 그들은 모든 준비를 끝냈다. 준비를 끝낸 후에 주저해서는 안 된다. 자신의 앞에 놓인 장벽을 향해 즉시 돌진해야 한다. 여호수아는 민족의 운명을 걸고, 첫 번째 관문이자 가장 중요한 전장인 여리고 성을 향해 행군했다.

예루살렘에서 동북쪽으로 약 30km 떨어진 지점에 위치한 여리고 성은 약 32km² 정도의 넓이로 가나안 성읍들의 중간 규모 정도였다. 가나안의 출입구를 지키는 성답게 가나안 땅의 여러 요새들 중에서 가장 견고했다. 정상적인 군사 작전으로는 정복하기가 거의 불가능한 지형 조건을 갖추고 있었다. 가파른 경사지의 정상 부분에 위치하여, 성밖으로 큰 바위와 갖가지 장애물들이 대략 35도 각도로 놓여져 자연적인 방어벽 구실을 했다. 특히 성벽은 이중벽이었는데, 내성은 외성보다 거의 두 배 이상 두터웠다. 그 두께가 오늘날의 4차선 도로의 폭과 맞먹었다. 특별히 요새화된 중요 부분은 높이가 7.5m에 두께가 6m를 훨씬 넘어 웬만한 공격에는 끄떡도 하지 않았다. 게다가 요소마다 설치된 망루에 서면, 수 킬로미터까지 시야가 확보되어 적군의 동태를 한눈에 파악할 수 있었다. 그뿐 아니라 그 안에는 수많은 전투에서 단련된 막강한 병사들이 가득 있었다. 요즘으로 치면 그야말로 최첨단 방어 시설로 무장한 요새였다. 반면에 이스라엘 군사들은 변변한 장비도 없었으니, 객관적 전력으로 볼 때 싸움이 안 되는 상황이었다.

그러나 이런 여러 가지 악조건에도 불구하고 이스라엘은 반드시 여리고 성을 정복해야 했다. 여리고 성이 군사 및 교통의 요충지로서 가나안의 중심으로 진입하는 교통의 핵심 지역에 위치한 성이었기때문이다. 이 성을 장악해야만 가나안 땅 중심부로 향한 거점을 확보할 수 있고, 가나안의 남북을 차단하는 효과가 있어 적의 연합 전선 구축을 막을 수 있었다. 여호수아는 "나누어서 정복하라"는 고대 전투 전략대로, 예루살렘 서쪽인 가나안 땅 중심부에 쐐기를 박을 작정이었다. 그후에는 남쪽으로 방향을 바꾸어서 남부의 적을 격멸하고, 그 다음에 남아 있는 북쪽의 군대를 쓸어 버릴 계획을 세웠다. 이것은 너무나 탁월한 전략이어서, 1차 세계 대전 때 영국군의 총수 알렌비 장군도 여호수아의 작전을 똑같이 모방해서 팔레스타인을 점령할 수 있었다.

또한 가나안 본토에서의 첫 번째 싸움이라는 의미에서 어떤 희생을 감수하고라도 여리고 전투는 반드시 승리해야 했다. 어떤 분야에서 무엇을 하든지 간에 처음 테이프를 잘 끊는 것이 중요하다. 야구 경기에서 1번 타자를 톱타자로 간주하는 이유는 그가 잘 치고 나가 줘야 전체 공격 라인의 흐름이 생길 수 있기 때문이다. 마찬가지로 선봉 부대는 무슨 일이 있어도 전진하여 뒤따라오는 부대의 길을 터 줘야 한다. 세상에 쉬운 일은 없다. 우리에게는 저마다 아무리 힘들고 어려워도 반드시 함락시켜야만 하는, 결코 피해갈 수 없는 여리고 성이 있다. 무슨 일이 있어도 앞으로 나아가야 한다. 감당할 만해서가 아니라, 선택의 여지가 없기에 나아가는 것이다.

하나님의 공격 전술

승리를 확신하라 더할 수 없는 긴박한 상황 가운데 하나님은 다시 한 번 여호수아에게 나타나셨다. 그리고는 구체적인 명령을 내리기 전에 일단 "네가 반드시 승리할 것이다"라는 결론부터 말씀하시며 확신시켜 주신다. "보라 내가 여리고와 그 왕과 용사들을 네 손에 붙였으니"(2절). '네 손에 붙였다'라는 말의 히브리어 동사의 시제는 미래에 있을 행동이 마치 완료된 것처럼 쓰였다. 즉 이 말의 의미는 무엇인가를 받을 사람에게 그것을 이미 준 상태를 내포한다. 스포츠 경기나 사업이나 인생의 어떤 게임에 임하든지 리더의 자신감은 결정적인 영향을 미친다. 반드시 할 수 있다는 확신을 가지고 덤벼도 될까 말까 하는데, 어렴풋한 확신으로는 어렵다. 하나님은 이미 "너는 이겼다!"라는 확실한 자신감을 여호수아에게 주신 것이다.

사탄은 항상 우리에게 겁을 준다. 세상이 자꾸 커 보이고 무섭게 보이게 한다. 그러나 하나님은 이미 세상의 모든 힘을 이기신 분이다. 하나님을 믿으면 당신은 세상의 그 어떤 권세와 겨뤄도 이길 수 있다. 지옥은 결코 천국을 이기지 못한다. 사탄의 권세가 감히 건드릴 수 없는 영적 보호막이 우리에게 둘러져 있는 것이다. "리더여, 하나님을 믿는가? 그렇다면 승리를 확신하라!"

믿음으로 행동하라 하나님은 이제 구체적인 여리고 공격 작전을 브리핑해 주셨다. 그런데 그 작전이란 것이 어이없게도 "성 주위를 돌라"는 것이었다. 무기를 점검하라든지, 성벽을 부술 특수 병기를 준비하라든지, 참호를 파라든지, 돌격대를 이렇게 뽑으라든지 등의 군사 명령과는 전혀 무관했다. 그것도 군사들만 제사장들과 함께 하루에 한 번씩, 엿새를 돌라는 것이다. 그리고 마지막 칠 일째 되는 날에만 여섯 바퀴를 돌고, 크게 나팔을 불며 소리치면 성벽이 무너져 내릴 것이니 그때 일시에 달려들어 성을 취하라는 것이다. 참으로 황당한 명령이었다. 그러나 주어진 것을 취하는 데는 믿음의 순종이 뒤따라야 했다.

여리고 성은 훈련된 병사들이라면 한 바퀴 도는 데 1시간 정도면 족했다. 첫날 이스라엘 군대가 침묵 속에 성 주위를 한 바퀴 완전히 돌앉을 때, 방어 태세를 갖춘 여리고 성 사람들은 긴장했다. 그런데 놀랍게도 그것이 전부였다. 이스라엘 군대는 단지 성을 한 바퀴 돌더니 재빨리 자기 진지로 돌아가 버렸다. 그리고는 아무런 움직임도 없었다. 그런데 다음날 같은 시각, 이스라엘 군사들이 다시 와서 전날과 똑같이 성을 한 바퀴 돌고 가는 것이 아닌가? 여전히 잔뜩 긴장하고 무기를 들고 있던 여리고 사람들은 너무나 황당해했다. 그런 상황이 무려 6일 동안이나 계속되었다.

하나님의 리더십을 따르라 이스라엘 군대가 여리고 성 주위를 돌 때 행렬의 형태(formation)에 대해서 하나님은 특별한 지시를 주셨다. 맨 앞에는 무장한 선발대가 앞장서고, 그 뒤에는 양각나팔을 든 7명의 제사장들이 따르며, 그 뒤에 언약궤를 멘 제사장들이 서고, 맨 뒤에는 이

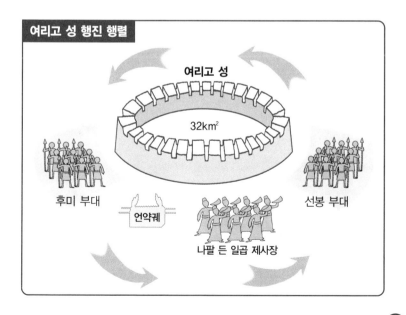

여리고 성 행진 행렬

여리고 성

32km²

후미 부대   언약궤   나팔 든 일곱 제사장   선봉 부대

스라엘 군대가 섰다. 행진하는 군대의 중심에 언약궤가 있었다. 하나님의 말씀이 담긴 언약궤는 하나님의 임재를 상징했다. 따라서 언약궤가 중심에 선다는 것은 하나님이 이스라엘 군대의 중심에 서신다는 의미이며, 그럴 때 확실한 승리가 보장된다는 것이다. 이스라엘은 그냥 여리고 성을 돈 것이 아니라 하나님을 최고 지휘관으로 모시고 돌았다.

하나님의 리더에게 있어서 중요한 것은 자신의 삶, 자신이 이끌고 있는 공동체의 삶의 중심에 하나님을 모셨는가 하는 것이다. 하나님을 삶의 구석에 밀쳐 둔 사람들이 의외로 많다. 삶의 문제들 앞에서 중요한 결정을 할 때 우선 전문가들을 찾아가 상의하거나 자신의 경험과 상식을 우선적으로 신뢰한다. 그들은 좀처럼 하나님 앞에 엎드려 기도하고 묵상하며 하나님의 인도하심을 구하지 않는다. 주일 하루 교회에 와서 입으로만 찬양과 기도를 읊조리는 것만으로는 하나님을 중심에 모셨다고 할 수 없다. 일상에서 하나님이 늘 우선순위가 되어야 한다. 아침에 일어나서 제일 먼저 하나님께 기도하고, 밤에 잘 때도 제일 마지막으로 하나님께 기도 드려야 한다. 매일 매 순간마다 말씀을 펼쳐 놓고 기도하며 하나님의 리더십을 구해야 한다. 바로 이것이 언약궤를 중심으로 여리고 성 주위를 행진하는 이스라엘 백성의 모습이다.

승리의 고지를 향한 여정

하나님의 때를 기다리라 완전 무장한 이스라엘의 군대가 한 일이라고는 하루에 한 번 여리고 성 주위를 도는 것밖에 없었다. 마지막 칠 일째는 일곱 바퀴 돌았으므로 도합 열세 바퀴를 돈 셈이다. 횟수가 무슨 특별한 의미를 가지는 건 아니다. 분명한 것은 이스라엘 백성에게 인내가 요구되었다는 사실이다. 하나님의 방법으로 여리고를 점령하고 승리하기 위해서는, 하나님의 정하신 때까지 참고 기다리는 인내가 필수적이다. 하나님의 일은 인내 없이는 결코 이루어지지 않는다.

하지만 실제 현실에서 인내란 얼마나 힘든 일인가? 혈기가 넘쳐흐르는 젊은 군사들이 적을 코앞에 두고 하루에 한 번, 고작 몇 십 분 행군하는 일이 다였으니 오죽 갑갑했을까? 인생에서 싸우는 것보다 더 힘든 일이 참고 기다리는 것일지 모른다. 어떨 때는 "하라!"는 명령보다 "하지 말라!"는 명령을 지키기가 더 어렵다. 당시 상황에서 이스라엘 백성들에게도 아예 성을 공격하라는 명령이 더 쉽게 받아들여졌을 것이다. 그러나 힘이 끓어오르면서도 아무 액션도 취하지 않고, 그저 언약궤를 따라 묵묵히 성을 도는 데는 더 큰 믿음이 필요했다. 화끈한 행동만이 믿음의 표현은 아니다. 때로는 우리의 상식과는 맞지 않는다 해도, 하나님이 우리에게 잠잠히 기다리라고 하실 때가 있다.

웬만한 신념과 믿음 없이 끝까지 인내하기란 어려운 일이다. 이스라엘 백성들이 참고 기다리는 동안 여리고 성 사람들의 반응은 어떠했겠는가? 이스라엘 병사들을 향해 겁쟁이라고 비웃으며 조롱했을 것이다. 하나님의 사람이 끝까지 인내하는 데는 이렇게 세상의 비웃음과 조롱이 뒤따른다. 하지만 하나님을 믿는 믿음으로 인내할 수 있는 것이다. 항변할 말이 없어서 안 하는 것이 아니다. 하나님의 정의를 믿고 기다리는 것이다. 보복할 힘이 없어서 안 하는 것이 아니다. 하나님의 시간을 믿고 기다리는 것이다.

약속을 끝까지 믿으라 여리고 성은 서서히 무너진 것이 아니었다. 상식적으로 생각할 때 3, 4일째는 성벽에서 돌 몇 개라도 흔들리며 빠져 나오거나, 약진이라도 나고, 5일째는 성벽에 금도 가기 시작하는 식으로 성벽 상태에 점점 이상 징후가 보여야 할 것 아닌가? 그런데 여리고 성은 7일째까지 꿈쩍도 하지 않고 서 있었다. 마지막 7일째 성을 일곱 바퀴 도는 그 순간까지도 전혀 아무 일도 일어나지 않았다. 마지막 순간까지 이스라엘 백성들은 눈에 아무 증거도 보이지 않는 상황 속에서 오직 믿음으로 나아가야 했다. 누구나 처음 얼마 동안은 몰라도, 끝까지 하나님만 믿고 기다리기란 정말 어려운 일이다. 얼마나 많은 기도들이, 얼마나 많은 위대한 일들이 마지막 1분을 버티지 못하고 포기했기 때문에 무산되고 말았는가? 열세 바퀴 중 단 한 바퀴만 덜 돌았어도 여리고는 결코 무너지지 않았을 것이다. 믿음은 끝까지 포기하지 않는 것이다. 그때 비로소 완전한 승리를 얻을 수 있다.

여기서 주목할 것은 '일곱'이라는 숫자다. 일곱 제사장, 일곱 나팔, 일곱째 날, 일곱 바퀴. 성경에서 일곱이란 숫자는 거룩한 숫자다. 곧 하나님의 사역을 의미한다. 하나님의 일은 하나님이 하나님의 방법으로, 하나님의 사람을 통해, 하나님의 때에 이루신다. 여리고 성을 무너뜨린 것은 인간의 창칼이 아니라 바로 하나님이심을 기억하라는 것이다. 그러므로 이해되지 않는다고 해서 불평하거나 원망하거나 불순종하면 안 된다. 하나님의 작전이 논리적으로 이해되지 않는다 해도 한 걸음씩 포기하지 말고 끝까지 따라야 한다. 우리는 설명을 붙잡는 것이 아니라, 약속을 붙잡고 가는 것이다. 기억하라. 하나님의 일은 하나님의 방법으로, 하나님의 사람을 통해, 하나님의 때에 이뤄지는 것이다. 우리는 그저 하나님의 박자에 같이 맞춰 춤을 추고, 함께 가면 되는 것이다.

침묵하라 여호수아는 모든 지시에 이어서 한 가지 특별한 주의 사항을 전했다. 그것은 7일 동안 성벽을 돌면서 모두가 침묵하라는 것이었다. 하나님의 능력이 나타날 마지막 일곱째 날까지 그들은 철저히 입을 다물고 조용히 성벽을 돌아야만 했다. 여호수아는 몇 번씩 이 점을 반복하여 강조했다. "외치지 말며 음성을 들레지 말며 입에서 아무 말도 내지 말라"(10절). 전쟁 역사상 유례 없는 침묵 명령이었다.

이스라엘 백성들은 불평 불만이 특기인 민족이다. 하나님이 아무리 잘해 주셔도 그들은 끊임없이 투덜댔다. 도무지 만족을 모르고 감사를 몰랐다. 자주 리더를 비판하고 욕하며 반항했다. 이런 그들에게 가장 어려운 시험은 바로 침묵이었다. 만약 이 명령을 내리지 않았다면, 이스라엘 군사들은 7일의 반도 지나지 않아 별의별 말을 다 내뱉었을 것이다. "도대체 이게 무슨 전략이냐?", "이런 작전이 성공할 리 없지", "우릴 비웃고 있는 저 여리고 놈들을 봐. 화끈하게 한 판 붙어야 하지 않는가?", "여호수아는 겁쟁이다." 이 외에도 불만이 줄줄이 터져 나왔을 것이다. 특히 이렇게 예민하고 힘든 상황에서는 누구나 이런 부정적이고 비판적인 말들을 내뱉기 쉽다. 부정적인 생각은 엄청난 전염성을 갖고 있다. 따라서 이런 말들이 나오기 시작하면 순식간에 분위기가 동요될 수 있다. 그러므로 여리고 성을 도는 동안 어떤 불신의 표현도 하지 못하도록 한 것은 영적인 면과 심리적인 면을 고려한 하나님의 뛰어난 전략이었다. 그렇지 않았다면 여리고의 병사들은 그 점을 교묘히 이용하여 이스라엘을 무너뜨리는 교두보를 구축했을지도 모른다.

끝까지 침묵하고 인내하면 처음에는 조롱하던 적의 비웃음이 차츰 두려움으로 변한다. 여리고 성 사람들도 마찬가지였을 것이다. 처음에는 이스라엘 백성들을 비웃었지만, 2일, 3일 시간이 흐르면서 속으로 슬슬 공포에 사로잡히기 시작했을 것이다. '한참 강물이 범람할 때에 2백만 백성들 모두 안전하게 요단강을 건넌 저 무서운 이스라엘 민족이 완전 무장을 하고서도 그저 성 주위만 돌고 있는 것은 무슨 생각에서일까? 게다가 한마디 말도 없이 침묵한 채 걷는 까닭은 또 무엇일까?' 이미 하나님이 함께하심으로 능력이 넘친다는 소문을 익히 들어 알고 있는 여리고 성 사람들은, 힘이 있으면서도 침묵하며 인내하는 이스라엘 백성을 보며 더욱 두려움을 느꼈을 것이다. 묵묵히 진실하게 하나님의 법대로 사는 사람들을 볼 때 세상은 두려움에 떤다.

적극적으로 하라 여호수아와 이스라엘 군대가 새벽에 일어나 하나님의 명령을 실행했다는 사실에 주목하라. 하나님은 시간을 정해 주시지는 않았다. 그런데 그들은 아침 일찍 일어나 여리고 성으로 갔다. 이것은 그들의 열심이 대단했다는 것을 보여 준다. 누구나 억지로 하는 일에는 열심을 낼 수가 없다. 여호수아는 수많은 전투에서 단련된 장군이었다. 능력도 있고, 용기도 있었다. 당장 칼을 뽑아들고 군사들에게 성벽을 기어 오르라고 명령하고 싶었을지도 모른다.

주도권을 잡고, 보스의 자리에서 하는 일이라면 좀 더 적극적으로 나설 수도 있지만, 마치 무능력

> 리더는 자신이 하고 싶지 않은 일을 팔로워에게 시켜서는 안 된다. —루스벨트

한 사람처럼 남의 리더십에 무조건 순종해야 하는 일에 자발적인 적극성을 보이기란 어려운 일이다. 특히 여호수아처럼 능력 있는 리더에게 있어서 묵묵히 기다리는 일은 무기를 들고 나가 싸우는 일보다 훨씬 어렵고 이해가 안 되는 일이었을 것이다. 그렇지만 그것이 하나님의 명령이었기 때문에 그는 기꺼이 순종했다. 하나님의 리더의 파워는 자신의 경험과 생각을 접고 하나님의 뜻에 기꺼이 순종할 때 절정에 달한다. 하나님의 일은 이렇게 자발적인 열심으로 진행해 나갈 때 놀라운 결과가 나타난다. 이왕 할 일이면 적극적으로 하라!

리더가 이렇게 자신을 포기하고 하나님을 믿고 적극적으로 나설 때, 그것은 따르는 사람들에게 놀라운 영향력을 미친다. 과거 불평투성이였던 이스라엘 군대가 이런 비상식적인 명령에 한마디 대꾸도 없이 어린아이처럼 매일 순종했다는 것이 놀랍지 않은가? 여호수아의 모범적 리더십이 대단했다는 증거이기도 하다. 신참 리더였지만, 하나님의 리더십에 철저히 순종하는 여호수아의 리더십에 백성들은 순종하지 않을 수 없었다. 리더여, 팔로워들이 당신을 잘 따라 주기를 바라는가? 당신이 두려워함으로 하나님을 순종하면, 팔로워들도 당신의 본을 따를 것이다. 그러므로 사람들에게 당신을 따르라고 요구하기 전에, 당신이 먼저 철저하게 하나님 따르는 법을 배워야 한다.

하나님이 기뻐하시는 승리

먼저 승리를 선포하라 언약궤 앞에 서서 행군하는 일곱 제사장들은 양각나팔, 즉 양의 뿔로 만든 나팔을 불라는 명령을 받았다. 이것은 전투 때 쓰는 은나팔이 아니라, 예배를 위해 불던 양각나팔이었다. 이 전쟁은 인간의 전투력으로 하는 전쟁이 아니었다. 완전히 하나님의 힘으로 하는 전쟁이었기 때문에 하나님께 집중해야 했다. 그래서 모든 병사들에게 침묵을 명한 것이다. 예배란 하나님께 집중하는 것인데, 인간의 소리가 시끄러우면 하나님의 소리가 잘 안 들리기 때문이다. 짐 엘리어트는 이런 말을 했다. "사탄은 적어도 세 가지를 확실하게 장악하고 있다. 소음, 조급함 그리고 군중이다." 리더가 이런 장애물을 물리치고 하나님의 임재 앞에 잠잠하지 않으면 그분의 소리를 들을 수 없다. 그렇게 되면 리더십이 뿌리부터 흔들린다. 하나님의 사람들의 가장 큰 전투 준비는 예배다. 그것은 곧 하나님과 나와의 관계를 말한다. 하나님과 나의 관계가 살아 있으면 예배가 살아 있다. 예배가 살아 있을 때 가장 강한 여리고 성도 무너뜨릴 수 있는 놀라운 군사가 될 수 있다.

예배를 위해 쓰던 양각나팔은 하나님의 임재를 선포하는 축제의 나팔이었다. 여리고를 향한 이 나팔소리는 하늘과 땅을 다스리시는 하나님이 이 죽음의 도시에 임했음을 알리는 것이었다. "문들아 너희 머리를 들지어다 영원한 문들아 들릴지어다 영광의 왕이 들어가시리로다"(시 24:7). 마지막 날 축제의 나팔을 길게 불면서 백성들은 큰소리로 승리의 함성을 외치라는 명령을 받았다. 승리가 눈에 보이기 전에 승리를 선언해 버리는 것이다. 믿음은 이런 축제의 함성, 승리의 함성을 외치게 한다. 아직 이뤄지지 않은 축복을 믿고 축제를 벌이는 것, 이것이 믿음이다. 성이 무너지기 전에 이미 성이 무너질 것을 확신하는 것, 이것이 믿음이다. 그러므로 하나님을 믿는 사람들은 절망적인 상황 속에서도 축제의 함성을 터뜨릴 수 있다. 고통 속에서도 찬양할 수 있다. IMF 같은 암담한 현실 속에서도 교회는 축제를 열 수 있는 것이다.

죄의 뿌리를 제거하라 여리고 성 주위를 침묵 가운데 돈 지 7일째 되던 날, 마지막으로 7바퀴를 돈 다음 나팔소리와 함께 온 백성이 벽력 같은 승리의 고함을 질렀다. 그러자 믿기 어려운 일이 눈앞에 현실로 나타났다. 가나안에서 가장 견고하다는 여리고의 성벽이 모래성처럼 무너져 내리기 시작한 것이다. 이 믿을 수 없는 광경에 모두 놀라는 순간, 여호수아는 지체 없이 진격 명령을 내렸다. 이스라엘의 60만 대군은 노도와 같이 성안으로 달려 들어갔다. 하나님의 명령대로 여리고 성 안의 모든 사람은 물론 가축까지 살아 있는 것들을 모두 죽였다. 사치스럽고 화려한 온갖 재물들도 전리품으로 단 한 개도 노획하지 않고 철저하게 파괴시켰다. 무너진 그 성의 폐허를 다시는 재건하지 말 것이며, 다시 재건하는 자에게는 하나님의 저주가 있을 것이라는 여호수아의 무서운 말이 있었기 때문이다. 사랑의 하나님이 왜 여리고에 대해서 이토록 잔혹한 명령을 내리셨을까? 사실 여기에는 상당히 상징적인 의미가 담겨 있다.

여리고는 달의 여신을 섬기는, 우상숭배가 만연한 성이었다. 여리고뿐 아니라 가나안 사람들은 모두 여러 가지 미신들을 믿었는데, 그 때문에 이들은 성적으로 음란하고 잔인하며 폭력적인 민족들이 되었다. 달의 여신도 매우 음탕한 신이었으므로 동성연애나 짐승과 교접하는 것, 문란한 성생활이 그들의 문화 깊숙이 자리잡고 있었다. 그래서 그들 가운데는 성병이 만연했고, 그들이 자랑하던 황금 도자기나 그릇, 장식물들도 음탕하고 자기 과시적인 것들이 많았다. 게다가 가나 안의 관문 역할을 담당한 까닭에 막강한 군사력을 자랑했다. 즉, 여리 고는 인간의 물질주의와 섹스 문화 그리고 권력과 교만으로 가득 찬 곳이었다. 하나님과 대립되는 죄의 집약체와도 같았다. 이곳의 사람들 과 물건들을 그대로 놓아 둔다면 이스라엘 백성들이 오염되는 것은 시 간 문제였다. 그래서 하나님은 철저한 파괴를 명하신 것이다.

하나님은 가만히 계시는 것 같지만 죄만큼은 철저하게 다스리시는 거룩한 분이다. 그러나 그 가운데서도 하나님을 믿고 회개하는 사람들 은 용서하신다. 먼저 하나님을 믿고 기다렸던 여리고 성의 기생 라합 과 그 식구들을 살려 주고 보호해 주셨다. 하나님은 여리고 성이 함락 되기 전에 7일의 시간을 기다리셨듯이, 이 음란과 폭력이 가득 찬 세 상에 대해서도 회개하고 돌아오기를 기다리신다. 그러나 하나님은 언 제까지나 기다리시는 분은 아니다. 허락된 시간 안에 라합처럼 하나님 의 사랑을 인정하고 그 품으로 돌아와야 한다. 그러면 하나님의 무서 운 심판을 두려워할 필요가 없다. 여리고 성의 완전한 파괴는 하나님 이 죄를 얼마나 싫어하시는지를 단적으로 보여 준다. 그러나 라합의 구원은 하나님이 회개하는 죄인을 용서하시고, 하나님 나라에 얼마나 아름답게 사용하시는지를 보여 준다.

폴 톰스는 이렇게 말했다. "여리고 정복에서 주는 중요한 교훈이 하 나 있는데, 그것은 그 전쟁의 진짜 상대는 여리고 군사들이 아니었다

리더여, 사자의 심장을 가져라

는 사실이다.…그 싸움은 자신과의 싸움이었다.…하나님이 여리고를 파괴시키기 위하여 온 힘을 집중하셨던 것은 아니다. 하나님은 말씀만으로도 간단히 여리고를 없애 버리실 수 있었다.…진짜 여리고 전쟁은 인간의 마음을 상대로 한 것이지, 여리고 성벽을 상대로 한 것이 아니었다." 그렇다. 하나님은 여리고를 정복하려 하신 것이 아니라 이스라엘 백성의 마음을 정복하고자 하신 것이다.

여리고 성의 승리는 성경의 최고 미스터리 가운데 하나다. 절대 열세의 전력을 가진 이스라엘이 어떻게 손 하나 까딱하지 않고 그 엄청난 승리를 거둘 수 있었을까? 하나님은 우리가 감히 해석할 수 없는 분이다. 그냥 그분을 사랑하고, 그분의 능력을 인정하고 받아들이면 되는 것이다. 지금 당신이 무너뜨려야 할 내면의 여리고 성은 무엇인가?

Bookmark for Leaders

🏆 하나님의 공격 전술

- 승리를 미리 선언하고 자신감을 가진다.
- 이해 되지 않는 명령이라도 믿음으로 순종한다.
- 하나님을 중심에 모시고 인도를 따른다.

"용기 있는 리더는 자기 안에 있는 패배 의식을
물리치고 비전을 향해 달려간다."

패배를
패배시키라

여호수아 7:1-5

미국 프로야구 메이저리그에는 사이영상이라는 상이 있다. 그해 최고의 실력을 보인 루키 피처에게 주는, 그러니까 우리말로 하면 '올해 최우수 투수상'과 같은 것이다. 젊은 피처들에게 최고로 영예로운 이 상을 받은 사람은 그해 스포츠계 톱뉴스의 주인공이 된다. 그런데 이 상의 이면에는 묘한 징크스가 있다. 사이영상을 수상한 선수들은 대부분 그 다음해 시즌에는 엄청난 슬럼프에 빠진다는 사실이다. 이에 대해 여러 가지 분석들이 있지만, 가장 중요한 원인은 두 가지로 압축된다. 첫째는, 사이영상을 수상한 투수의 마음이 천하를 얻은 듯 교만해진다는 것이다. 그래서 훈련과 자기 개발을 게을리하게 된다. 갖가지 행사와 광고 촬영 등으로 정신없이 바빠지기도 한다. 둘째는, 오프시즌 동안 다른 모든 팀이 사이영상 수상 투수를 철저히 분석하고 연구한다. 경험 많은 메이저리그 감독과 타자들이 정밀하게 연구하여, 그의 약점을 공략하는 방법을 찾아 낸다. 전력이 모두 노출된 상태에서 다음 시즌이 되면 그 신인 투수는 집중적으로 공격당하고 만다. 이처럼 인생에는 성공 뒤에 뜻하지 않은 실패에 부딪치는 경우가 있다. 그 원인은 대부분 성공한 사람이 교만해지고 방심하는 데 반해, 패배한 이들은 정신을 바짝 차리고 분발한다는 데 있다.

하나님의 지도자 여호수아, 그는 이제 여리고 성 함락이라는 승리의 절정에서 아이 성 패배의 골짜기로 내려오게 된다. 그러나 실패를 부정적으로만 볼 것은 아니다. 성공만 거듭하면 교만하여 보지 못하는 우리 속의 어두운 요소들을 실패를 통하여 비로소 제거할 수 있기 때문이다. 실패는 우리로 하여금 겸손하게 하고, 지혜롭게 하고, 창조적이 되게 한다. 우리는 뜻하지 않게 당한 실패를 다시 역전시키는 여호수아 리더십에서 또 하나의 깊은 교훈을 얻을 수 있다.

실패하는 이유

여리고 성을 무너뜨린 이스라엘군은 승세를 놓치지 않고 곧바로 서쪽에 위치한 아이 성과 벧엘 성 공략에 나섰다. 아이 성은 여리고 성에서 북서쪽으로 약 16km 떨어져 있으며 해발 518m 가량의 산지에 위치한 성으로, 인구는 대략 1만 2천 명 정도의 작은 성읍이다. 가나안 최고의 견고한 요새 여리고 성에 비하면 비교가 안 될 정도로 약한 성이었다. 그런데 바로 그 아이 성 싸움에서 이스라엘은 전혀 예기지 못한 쓴 패배를 당하고 만다.

자신 만만하게 아이 성을 공략하러 간 3천 명의 이스라엘 군대는 제대로 싸워 보지도 못하고, 아이 성 군사들에게 공격당해 순식간에 36명의 전사자를 내고 간신히 도망쳐 나왔다. 36명의 인명 손실이 큰 것은 아니었지만 여리고 성 전투에서 대승을 거둔 그들에게는 이 패배의 충격이 너무나 컸다. 그래서 "백성의 마음이 물처럼 녹아 내렸다"고 성경은 말한다. 이전에는 가나안 군사들의 마음이 두려움으로 물처럼 녹았었는데 이제는 거꾸로 이스라엘 백성들의 마음이 물처럼 녹아 내린 것이다. 성공의 길만 달려온 사람일수록 패배의 충격은 더 큰 법이다. 잘나갈 때 오만하던 사람일수록 실패하면 더욱 참담해지고 기가 죽는 법이다. 성숙하지 못한 사람일수록 실패를 잘 받아들이지 못하고 재기하기도 어렵다. 다행히 여호수아는 실패 후 곧바로 하나님 앞에 엎드려 원인을 구한다.

불순종 이유 없는 실패는 없다. 아이러니컬하게도 패배의 핵심 원인은 성공의 한복판에서부터 시작된다. 아이 성의 패배는 여리고 성의 승리의 현장에서 그 뿌리를 추적할 수 있다. 앞장에서 언급했듯이 여리고 성 함락 시 하나님은 여리고 성 사람을 포함한 모든 살아 있는 것들을 죽이라고 명령하셨다. 그리고 전리품도 노획하지 못하게 하셨다. 그런데 여기서 큰 문제가 발생했다. 이스라엘군의 지도자들 가운데 하나님이 완전히 파괴해 버리라고 하신 여리고 성의 보물들을 욕심 내어 훔쳐 간직해 둔 자가 있었던 것이다. 그는 놀랍게도 이스라엘 민족 전체에서 최고 명문 가문인 유다 지파의 아간이라는 사람이었다. 아간 (Achan)이라는 이름의 뜻은 '괴로움'이었는데, 정말 이 사람의 죄는 이스라엘 민족 전체에게 말할 수 없는 괴로움을 주었다.

아이 성 싸움은 이스라엘이 가나안 정복 전쟁에서 패한 처음이자 마지막 전쟁이다. 어떤 사람이 하나님의 뜻을 어길 때, 그가 속한 공동체 전체에 끼칠 수 있는 악영향은 이렇게 엄청난 것이다. 성경에는 한 사람이 하나님의 뜻을 어길 때 그가 속한 공동체 전체가 혹독한 대가를 치르게 되는 경우가 종종 나온다. '나 하나쯤이야'라는 생각을 버리라. 아무리 큰 배도 작은 구멍 하나 때문에 침몰할 수 있다. 한 명의 탁월한 리더보다 더 중요한 것은 바로 하나님께 순종하는 공동체의 한 사람 한 사람이다.

자만과 방심 아이 성 패배의 원인은 아간의 죄에 있었지만, 여호수아에게서 시작된 이스라엘의 자만과 방심도 컸다. 그들은 하나님의 뜻을 물어보지 않고 인간적인 방법에 의존했다. 모든 훌륭한 지휘관이 그렇듯이 여호수아도 아이 성 공격을 위한 전략 수립을 하기 전에 정황 조사를 했다. 정탐꾼들을 파견했다. 여기까지는 괜찮았다. 그런데 여호수아의 실수는 하나님 앞에 기도함으로써 지혜를 구하지 않고, 오직 정탐꾼들의 보고만 참조했다는 데 있었다. 그는 여리고 성 정복 전쟁

당시에는 하나님을 직접 독대했고, 하나님의 지시를 들었다. 그러나 아이 성 공략 때는 여호수아를 향한 하나님의 지시나 말씀이 성경에 전혀 나와 있지 않다. 하나님이 말씀하지 않으셨다기보다는 당시 자신 감에 충만한 여호수아가 인간적인 준비에 바빠서 하나님의 말씀에 귀 기울이지 않았다는 것이 더 타당할 것이다.

여리고 성의 대승으로 말미암아 여호수아는 기쁨과 흥분에 들떠 있었을 것이다. 그가 하나님을 의도적으로 외면했다기보다는 감정적으로 너무 흥분해 있었고, 자신감에 차 있었던 것 같다. 그래서 여리고보다 훨씬 작은 아이 성을 얕잡아 보고 하나님의 뜻을 묻지 않았을지도 모른다. 만약 여호수아가 여리고 성 공격 전처럼 하나님 앞에 엎드려 기도했더라면, 하나님은 아마 이스라엘 백성들 중에 죄가 있음을 그에게 알려주셨을 것이다. 그러면 여호수아는 그 죄를 공격 전에 즉시 다룰 수 있었을 것이고, 그랬더라면 36명의 생명을 잃고 혼비백산하는 굴욕적인 패배를 당하지 않았을지도 모른다.

하나님의 리더의 삶에 있어서 기도는 호흡과 같다. 리더는 인생의 새로운 도전에 직면할 때마다, 비록 그것이 아무리 쉽고 만만해 보여도 우선 하나님 앞에 엎드려 기도하며 하나님의 지혜를 구해야 한다. 기도는 하나님의 뜻을 아는 통로다. 행동하기 전에 충분히 기도하는 것이 기도 없이 행동하는 것보다 훨씬 빠르고 안전한 길이다. 인생에서의 실패는 기도의 실패에서부터 비롯된다.

정탐꾼들은 아이 성 공략에는 이스라엘 전군이 다 나설 필요 없이 이 2, 3천 명만으로도 충분하다고 했다. 여호수아는 정탐꾼들의 말대로 했다. 그러나 결과는 무참한 실패였다. 1만 2천 명이라는 아이 성

인구를 감안할 때, 싸울 수 있는 아이 성의 전투력은 적어도 3천 명 이상은 되었을 것이다. 또한 해발 518m 가량의 고지대에 위치한 아이 성은 주위가 좁은 골짜기로 형성되어 있어 군사들이 높고 단단한 지형을 방패삼아 수비한다면, 공격하는 쪽의 병력은 수비보다 3~5배는 되어야 하는 것이 상식이다. 그런데 도대체 이스라엘 사람들은 왜 2, 3천 명 정도로 아이 성을 공략할 수 있을 것이라고 생각했을까? 그들은 여리고 성 승리에 도취된 나머지, 여리고 성을 무너뜨린 것이 자신들의 힘이 아니라 하나님의 능력이었음을 잊고 있었던 것이다. 하나님의 능력을 잊으면서 스스로에 대해 과대 평가하게 되었고, 적을 과소 평가하게 되었던 것이다.

하나님의 해결 방법

한때 위대해 보였던 지도자 여호수아가 이젠 패장이 되었다. 당신도 리더로서 최고의 계획이라고 세웠던 일들이 뜻밖에 무산되어 버린 경험을 한 적이 있는가? 약한 상대에게 말도 안 되게 참패를 당해 본 적이 있는가? 너무나 익숙하고 쉬운 일인데 실패한 적이 있는가? 그렇다면 아이 성 패전 당시 여호수아의 심정을 어느 정도 이해할 것이다. 사실, 우리가 패배를 싫어하는 것보다 하나님은 우리가 패배에 젖어 좌절하고 있는 것을 더 싫어하신다. 하나님은 패배를 통해 우리를 다듬으신 후, 우리가 일어나 패배를 패배시키기를 원하신다. 하나님은 아이 성의 패배 앞에 좌절한 여호수아를 어떻게 다시 일으키셨는가?

회개하라 여호수아는 이스라엘의 장로들, 곧 리더들과 함께 옷을 찢고 하나님 앞에 엎드렸다. 하루 종일 통곡하며 머리에 먼지를 뒤집어 쓰고 기도했다. 항상 국가적 재난에 직면하면 이스라엘 백성들은 이렇게 슬픔을 표현했다. 위기 앞에 리더는 여러 가지 반응을 보일 수 있다. 상황을 탓하고, 운을 탓하고, 부하들을 탓하고, 강한 적을 탓하고, 야당을 탓할 수도 있다. 그러나 진정한 하나님의 리더는 그 누구에게도 책임을 전가하지 않고 스스로 회개하며 겸손히 하나님 앞에 엎드린다. 이런 겸손한 자세가 문제 해결의 시작이다. 교만하여 자신의 잘못도 남에게 전가하며 자신이 책임지려 하지 않는 비겁한 리더가 되지 말아야 한다. 여호수아의 통회의 기도 내용을 살펴보면, 하나님을 약간 원망하는 듯한 표현도 보인다. 그러나 초점은 분명하다. 여호수아는 진정 패배의 원인이 무엇인지 알고 싶어했다. 그리고 그 원인을 즉시 해결하기 원했다. 이처럼 원인을 밝혀 문제를 수정하려는 자세와 해결하겠다는 불타는 의지가 있어야 하나님이 돌파구를 주신다. 리더에게는 이런 거룩한 고민과 문제 해결에 대한 집념이 있어야 한다.

여호수아와 이스라엘의 지도자들은 저녁때까지 머리를 땅에 대고 엎드려 있었다. 하나님은 그들이 자신의 한계에 다다를 때까지 기다리셨다. 리더의 길은 이렇게 힘들다. 민족의 죄를 짊어지고 하나님 앞에 회개하며 인내하는 일이 순식간에 이뤄지지는 않는다. 인고의 시간이 있어야 한다. 경솔하게 자신을 믿고 날뛰다가 무너진 데 대한 철저한 회개의 시간을 거쳐야 한

하나님이 시간을 창조하신 한 가지 이유는 우리에게 과거의 실패를 묻어 둘 장소를 마련해 주시기 위해서다. -제임스 롱

패배를 패배시키라

다. 이러한 영혼의 몸부림을 통해서 정결하고 순수하게 하나님만 의지하는, 아름다운 영성을 가진 리더가 되어 가는 것이다.

문제를 처리하라 하나님은 통곡하며 엎드려 있는 여호수아에게 "일어나라!"고 말씀하셨다. 하나님은 하나님이 세우신 지도자가 기가 죽은 모습으로 그렇게 엎드려 있는 것을 원치 않으신다. 실패가 아무리 견디기 힘들고 어려워도 당신은 그렇게 주저앉아 있으면 안 된다. 하나님은 당신에게 오늘 똑같은 말씀을 하고 계신다. "일어나라! 그만한 일에 네가 그렇게 좌절하고 주저앉아 있어서 되겠느냐?" 그리고는 하나님은 여호수아에게 해야 할 일을 알려 주셨다. 그저 통곡하고 회개만 한다고 사태가 해결되지는 않는다. 하나님의 지도자가 반드시 해결해야 할 문제가 있는 법이다. 하나님은 이렇게 말씀하고 계신다. "너는 내가 행동해 주기를 바라고 있지만, 행동해야 할 자는 내가 아니라 바로 너다. 일어서라. 죄를 찾아 내서 처리하라! 백성을 정결케 하라!"

여호수아는 자리에서 일어나 우선 모든 백성을 집결시켰다. 제비 뽑기를 통해 하나님 앞에 죄를 지은 범인을 찾아 내는 작업을 시작했다. 먼저 12지파의 두령들이 차례로 나와 제비를 뽑았다. 그 가운데 유다 지파가 뽑혔고, 유다 지파의 족장들이 차례로 나와 제비를 뽑자 세라 족속이 뽑혔다. 세라 족속의 어른들이 나와 제비를 뽑자 삽디 가문이 뽑혔고, 삽디 가문의 남자들이 나와 제비를 뽑자 마침내 아간이 뽑혔다.

이스라엘 백성 전체가 극도로 긴장한 가운데 진행된 제비 뽑기를 통해 하나님은 분명하게 죄인을 드러내셨다. 제비를 뽑는 순간순간마다 아간이 얼마나 두렵고 긴장되었겠는가? 결국 아간의 죄가 적나라

하게 드러났고, 아간과 전 가족이 처형을 당한다. 원래 이스라엘 율법에는 한 사람이 죄를 지었어도 가족이 공범이 아닌 이상 벌하지 못하게 되어 있다. 그런데도 전 가족을 멸한 것을 보면 아마 아간의 가족전체가 이 범죄에 동참했던 것 같다.

아간을 처벌하는 과정을 통해, 이스라엘은 정말 무서운 적은 외부에 있는 것이 아니라 자신들 안에 있음을 철저히 깨닫게 되었다. 그리고 공동체에 속한 한 사람 한 사람의 성공과 실패가 전 민족의 운명을 좌우할 수 있음을 절감했다. 그러므로 우리는 내 자식만 잘 키워서는 안 된다. 남의 집 자식도 잘 크지 않으면 내 자식도 같이 망하는 것이다. 국가도 그렇다. 해외에 가서 경거망동한 국민 한 사람 때문에 나라 전체가 욕을 먹는다. "우리는 하나다"라는 말을 뒤집어 생각해 보면 그처럼 무서운 말도 없다. 특히 운명 공동체인 교회 안에서 우리는 모두가 하나님 안에 바로 서도록 서로 격려하고 권면해야 한다.

패러다임의 전환

실패를 하면 우리는 대개 두 가지 반응을 보인다. 과거에 대한 실망과 미래에 대한 두려움이다. 우리는 뒤를 돌아보며 과거에 저지른 남부끄러운 실수를 기억한다. 그리고 앞을 바라보며 '과거에 그렇게 못난 실수를 한 내가 과연 잘할 수 있을까?' 하며 두려움을 품는다. 이런 생각이야말로 실패를 극복하고, 새롭게 재기하는 것을 막는 장애물이다. 그러나 이것을 극복할 수 있는 힘은 하나님의 격려의 말씀으로부터 온다. "두려워 말며 놀라지 말라!" 하나님은 여호수아 1장에서 해 주셨던 그 격려의 말씀을 다시 여호수아에게 주신다. 실패로 인한 아픔과 상처를 싸매어 주신다. 그리고 새롭게 출발하도록 격려하고 인도하신다. 하나님은 우리의 영원한 응원 대장이시다.

전력 투구하라 8장 1절에서 하나님은 "군사를 다 거느리고 일어나 아이로 올라가라"고 말씀하신다. 이스라엘의 정탐꾼들은 기고만장하여 3천 명만 보내면 된다고 하였지만, 하나님은 모든 병력을 다 투입하라고 하신다. 즉 최선을 다해 싸우라고 하신다. 이제는 오히려 일차 승리를 거두고 교만해져 있는 아이 성의 오만을 이용해서 이스라엘이 승리하게 하시기 위함이었다. 하나님이 명령하신 싸움은 여리고 때와는 달리, 이스라엘 군사들의 지혜와 팀워크 그리고 모든 전투력을 총동원하고 집중해야 하는 힘든 싸움이었다.

여호수아와 이스라엘 군사들은 밤새도록 길갈에서부터 아이 성까지 약 24km 되는 거리를 빠르고 조용하게 행군했다. 여호수아는 그 중 3만 병력을 아이 성 서편 뒤에 매복시켰다. 그리고 아이 성 북서쪽으로 3.2km 정도 떨어져 있는 벧엘 성과 아이 성 사이에 또다시 5천 명을 매복시켰다. 이렇게 두 그룹의 복병을 따로 배치한 것은 이유가 있다. 벧엘은 아이에서 가까웠기 때문에 두 성은 항상 공조 방어 체제를 구축하고 있었다. 따라서 이것은 아이 성을 공격하면 십중팔구 벧엘 성에서 원군이 올 것을 예측한 전략이다. 여호수아가 이끄는 이스라엘의 주력 부대는 북쪽에서부터 아이 성을 공격할 작정이었다. 아이 성 주변의 고지대는 바위가 많은 지형이어서 복병을 매복시키기가 용이했다.

매복 작전은 밤새 이루어졌다. 여호수아는 이미 하나님께 아이 성의 승리를 보장 받고서도 모든 병력과 지혜를 총동원해서 철저히 준비하고 있다. 여기서 우리는 중요한 것을 배운다. 은혜는 거저 받는 것이지만, 우리는 축복 받을 수 있는 그릇으로 스스로를 준비할 필요가 있다는 것이다. 물론 하나님이 승리를 보장해 주시지만 그렇다고 해서 게으름을 피우거나 적당주의로 살아서는 안 된다. 남들보다 덜 자고 절제하며 노력하는 자만이 승리의 열매를 거둘 수 있다. 하나님의 명령을 수행하기 위해 우리는 늘 지혜와 열정을 다해 전력 투구해야 한다.

새로운 방법을 사용하라 아침이 밝자 드디어 이스라엘 군사들의 공세가 시작되었다. 승리를 자신한 아이 왕은 다시 군사들을 이끌고 성 밖으로 거침없이 달려 나왔다. "위험을 가장 적게 의식하고 있는 사람

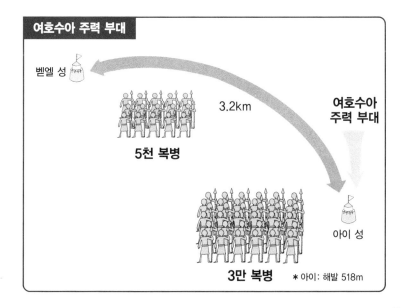

여호수아 주력 부대

벧엘 성

3.2km

여호수아 주력 부대

5천 복병

3만 복병

아이 성

＊아이 : 해발 518m

패배를 패배시키라

들이 사실은 가장 많은 위험에 처해 있는 것이다"라는 말이 있듯이 지금 아이의 군사들이 이런 형편에 처했다. 여호수아의 군사들이 못 이기는 척 후퇴하기 시작하자, 기고 만장해진 아이 성의 군사들은 정신 없이 이스라엘 군을 추격해 나갔다. 그러나 자신들의 성읍을 무방비 상태로 내버려 둔 채 나간 것은 아이 성 사람들의 돌이킬 수 없는 실수였다. 그때까지도 아이 군사들은 자만에 빠져 있었던 것이다.

밤새 성 서쪽에 매복하고 있던 3만 명의 이스라엘 복병이 그 틈을 타서 텅 빈 아이 성으로 몰려 들어와 순식간에 성을 점령해 버렸다. 아이 성은 이스라엘군이 놓은 불길로 연기에 휩싸였다. 그제야 정신없이 여호수아의 군대를 추격해 나갔던 아이 성 군사들은 사태를 깨닫고 급히 말머리를 돌렸으나 이미 전세는 기울었다. 후퇴하는 척하던 여호수아의 군사들이 돌아서서 그들에게 반격해 왔고, 성을 점령한 3만 복병도 반대쪽에서 공격해 왔다. 순식간에 앞뒤로 포위당한 아이 성 군사들은 도망칠 수도 없는 상황에 놓이게 되었다. 그날, 1만 2천 명에 달하는 아이 성 사람들은 이스라엘군의 칼에 전멸당했고, 그들을 도우러 달려오던 벧엘 성 군사들도 중간에 매복하고 있던 5천 명의 이스라엘 복병에 의해 전멸당했다. 이스라엘의 완벽한 승리였다.

하나님은 하나의 좋았던 관습이 그 땅을 부패시키지 않도록 하기 위해 다양한 방법으로 뜻을 펼쳐 나가신다. 하나님은 우리가 사람을 의지하지 않도록 지도자를 바꾸시기도 하신다. 또한 우리 자신의 지식과 경험을 의존하는 것을 막기 위해 항상 새로운 방법들을 사용하신다. 아이 성 공격 작전은 여리고 성 공격 작전과는 전혀 달랐다. 여리고 성 공격 때는 일주일동안 해가 밝을 때 전군이 공공연하게 행군하는 것이었지만, 아이 성 공격 때는 밤에 매복하고 있다가 낮에 나와 싸우는 전략이었다. 여리고 성 공격 때는 전군을 여리고 앞에 집결시켰지만, 아이 성 공격 때는 여러 부대로 나누어 각각 다른 임무를 주어 배치하셨다. 또한 여리고 성 공격 때는 하나님이 직접 성벽을 무너뜨리셨지만, 아이 성 공격 때는 그런 초자연적인 기적 없이 이스라엘군의 치밀하고 빠른 군사 작전을 통해 함락시키셨다. 아이 성 공격을 통해 알 수 있는 가장 중요한 것은, 맡은 일 하나하나에 하나님의 뜻을 구하는 것이다. 그래야 미래의 계획을 세울 때 과거의 승리에 의존하지 않게 된다. 하나님은 항상 새로운 방법으로 우리에게 승리를 주신다. 케케묵은 과거의 습관과 경험만으로 앞에 놓인 문제를 풀려고 하지 말라. 전혀 새로운 패러다임의 전환이 필요하다.

아무리 열심히 공부해도 시험 범위를 잘못 알고 있으면 시험을 망칠 것이다. 속도와 성실 못지않게 중요한 것이 방향성과 창의성이다. 예수님은 비둘기같이 순결하라고 하시면서 동시에 뱀처럼 지혜로워야 한다고 하셨다. 무조건 불도저처럼 밀어붙이기만 해서는 안 된다. 때로는 발이 안 되면 손을 써 보고, 좌로 해서 안 되면 우로 해 보는 패러다임의 전환이 필요하다. 뜻하지 않은 패배는 이제껏 당신이 살아오던 인생, 당신이 사람을 대하던 방식, 당신이 신탁처럼 믿고 있던 가치관, 당신이 과거에 승리했던 방법들에 문제가 있음을 알려 준다.

최근 세계 최고의 매출을 기록하고 있는 대기업 월마트(WalMart)가 한국에서의 사업 전략을 대폭 수정하기로 했다는 기사를 읽었다. 원래 월마트는 땅값이 싼 도시 외곽에 건물을 짓고 특별한 인테리어 없이 물건을 쌓아 놓고 파는 '창고형 할인점' 이다. 비용을 절감하는 대신 물건을 싸게 판다는 전략으로 고객을 유치해 왔다. 그런데 98년도에 한국에 상륙해서 5년 동안 그 원리만을 계속 고수한 결과 이마트, 롯데마트 등에 밀려 업계 5위의 부진한 성적을 보였다. 월마트 경영진은 "미국식 월마트 운영이 한국에서는 통하지 않음을 알게 됐다"고 인정했다. 고급스런 매장을 선호하고 서비스를 중시하는 한국인들의 취향에 맞춰 매장을 전면 재단장하기로 한 것이다. 미국과 전 세계에 3만 개가 넘는 체인점을 갖고 있는 대기업 월마트도 한국 시장에서 겪은 고난 앞에 고집을 꺾고 새롭게 방향 전환을 한 것이다.

당신이 아무리 뛰어나다 해도 어딘가 허점이 있게 마련이다. 이전에 해 오던 방식이 나무랄 데 없이 좋은 것이라 해도 언제 어디서나 항상 통하는 것은 아니다. 당신 스스로 자신이 꽤 창의적이며 판단력이 뛰어나다고 믿는가? 당신이 주장하는 방법이 가장 효율적이라고 생각하는가? 세상은 시시각각 변하고 있고, 우리의 삶은 세월이 흐를수록 더 복잡해지고 만만치 않다. 그러므로 우리는 시시각각 새로운 생각과 사고의 전환이 필요하다. 그런데 우리가 형통할 때는 이 사실을 인정하지 않는다. 그래서 하나님은 때때로 실패를 통해 우리의 교만을 꺾고 새로운 생각과 변화를 일으키시는 것이다. "내가 주의 계명을 믿었사오니 명철과 지식을 내게 가르치소서"(시 119:66).

신념은 중요하다. 그러나 고집은 곤란하다. 때로는 나보다 젊은 사람들, 학력이 낮은 사람들, 나와 맞지 않는 사람들의 생각이 나보다 나을 때가 있다. 그들을 통해서도 하나님은 내게 가르쳐 주신다. 박사가 되고, 사장이 되고, 책임자가 되어서도 우리는 더 읽고 보고 듣고 배워야 한다. 그것을 인정하라. 고난과 실패는 나의 한계를 깨닫게 한다.

19세기 영국의 유명한 설교자 로버트슨은 이렇게 말했다. "실수를 가장 적게 하는 리더가 가장 훌륭한 리더인 것은 아니다. 가장 훌륭한 리더는 자신이 저지른 실수들을 발판삼아 가장 눈부신 승리를 거둔 리더다. 그러므로 이미 저지른 실수들에 대해서는 잊어버리고 승리를 위한 궁리를 하라." 패배의 골짜기를 지나 보지 않은 사람은 결코 승리를 오래 유지하지 못한다. 신참 지도자 여호수아에게 있어서 아이 성의 패배와 회복은 아마 잊을 수 없는 경험이었을 것이다. 그 실수를 바탕으로 여호수아는 이후 이스라엘을 가나안 정복 전쟁에서 한 번도 패하지 않는 무적의 군대로 만들어 낸다.

실패보다 더 무서운 것은 실패에서 아무것도 배우지 못하는 것이라고 한다. 당신도 여호수아처럼 실패의 골짜기에서 겸손하게 기도하고, 자신을 정결케 하며, 철저히 준비하여 전력 투구하라. 패배를 패배시킬 줄 아는 리더야말로 정말로 멋진 리더다.

Bookmark for Leaders

🐪 리더의 실패 관리

- 당신 안에 있는 패배 의식을 버리라.
- 문제 해결을 위해 노력하라.
- 생각의 패러다임을 전환하고 다시 시작하라.

"예배와 말씀을 통해 영혼이 재충전되는 시간,
그것이 바로 리더십의 하프 타임이다."

08

하프 타임을
가지라

여호수아 8:30-35

      축구 경기를 보면 전반전과 후반전 사이에 하프 타임(Half
Time)이 있다. 한 번이라도 선수나 코치로 뛰어 본 사람이면 이 하프
타임이 얼마나 중요한 시간인지 잘 알고 있다. 하프 타임은 첫째, 휴식
의 시간이다. 심장이 터지도록 열심히 뛴 사람에게는 단 5분의 휴식도
꿀처럼 달콤하다. 중간에 조금이라도 쉬면서 육체와 정신을 다시 추스
른 사람과 그렇지 못한 사람의 차이는 하늘과 땅 차이다.

하프 타임은 또한 전반전을 돌아보며 후반전의 새로운 전략을 수립하는 시간이다. 아무리 이론적으로 잘 준비했었다 해도 실전을 뛰어 본 경험과는 비교할 바가 못 된다. 아무리 준비했어도 전혀 예상치 못한 변수들이 실전에서 수없이 많이 튀어나오기 때문이다. 하프 타임은 실전으로 뛰었던 전반전의 실수와 성공, 그리고 상대의 실수와 성공들을 종합 분석해서 후반전을 준비하는 시간이다. 전반전에 지고 있었다면 후반전에 역전하기 위해서 반드시 새 작전이 필요하고, 전반전에 이기고 있었다면 후반전에 역전당하지 않기 위한 작전이 또 필요하다. 지나친 패배감이나 자만심은 그대로 패배로 이어질 수 있기 때문이다.

대단히 잘 나가는 기업의 최고 경영자였던 밥 버포드(Bob Buford)가 수년 전에 「하프 타임」(낮은울타리 역간)이란 책을 썼다. 대부분의 운동 경기에 하프 타임이 꼭 필요하듯이, 인생에도 하프 타임이 필요하다는 것이 그 책의 메시지다. 버포드 사장에게 있어서 인생의 전반전은 인생의 의미에 대해 깊이 생각할 겨를도 없이 정신없이 생존을 위해서만 뛰어야 했던 시간이었다. 치열한 경쟁을 뚫고 대학에 입학해서 졸업하고, 한 여자와 사랑에 빠져서 결혼해서 아이를 낳고, 직장에 들어가고, 밤낮 없이 일해 승진하고, 점차 남들 보기에 괜찮은 집과 살림살이들을 갖추어 가는, 그저 앞만 바라보고 달렸던 삶이었다.

정말이지 코에 단내가 나도록 뛴 전반전이었다. 당신이 버포드 사장과 비슷하다면 아마 전반전은 간신히 이기고 있었는지도 모른다. 그러나 당신이 입은 부상과 피로가 너무 심하다. 인생의 전반전을 비교적 잘 뛴 선수들도 모두 나름대로 격한 태클을 당하거나 부상을 입고 지친 채로 이곳까지 왔다. 승리를 위해 우리는 너무 큰 대가를 치르며 살아

왔던 것이다. 금이 간 부부 관계, 서먹해진 아이들, 소원해진 친구들, 죄책감, 술과 담배로 찌들어 나빠진 건강, 고독 등 비록 경기는 겨우 이 겼을지는 몰라도 소중한 많은 것을 잃어버린 전반전이었던 것이다.

인생의 하프 타임에 들어서서 잠깐 숨을 돌리는 순간, 당신은 더 이 상 이런 식으로 인생의 후반전을 살 수는 없다는 것을 깨달을 것이다. 전반전은 성공을 위해 뛰었지만, 이제 후반전에선 인생의 의미를 찾아 야 한다. 전반전에서는 속도가 중요했다면 이제 후반전에서는 방향이 중요하다. 전반전에서는 맘대로 모험도 하고 실수도 할 수 있었지만, 이제 후반전에서는 좀 더 신중하게 달려가야 한다. 게임의 승패는 전 반전 스코어가 아니라 후반전 스코어로 가름된다. 성공적인 인생의 후 반전을 준비하기 위해서는, 인생의 하프 타임이 필요한 것이다.

의미 있는 하프 타임을 위하여

하프 타임을 선언하라 아이 성 싸움의 패배를 극복하고 다시 대반격 에 성공한 여호수아는 북쪽으로 48km 가량 떨어진 에발 산으로 이스 라엘 백성을 이끌고 갔다. 적군의 주둔지도 아니고, 전쟁터도 아닌 곳 으로 전 민족을 이동시킨 것이다. 이것은 이스라엘 백성 모두에게 상 당히 뜻밖의 결정으로 다가왔다. 속전 속결이 생명인 전쟁터에서 승기 를 잡은 이스라엘이 할 일은 계속해서 정복 전쟁을 수행하는 것이었 다. 적들은 물론 이스라엘 백성들도 이제 다음 성들을 공략할 것이라 고 예상하고 있었기 때문이다.

그러나 여호수아는 가나안 정복 전쟁의 가장 큰 난관이었던 요단강 도하와 여리고 성과 아이 성 정벌을 정신없이 치러낸 이스라엘군이 전반전을 간신히 끝마친 셈이라고 판단한 것 같다. 이스라엘은 지금 이기고 있었지만 숨이 가빠 헐떡이고 있었다. 여호수아는 이대로 바로 후반전으로 갈 수 없다는 것을 직감했다. 그래서 그는 전 민족에게 육체적 · 정신적으로 숨을 돌리고 전열을 재정비할 수 있는 하프 타임을 선포했다. 그리고 이것은 무엇보다도 하나님이 전임 지도자 모세에게 내리신 명령이기도 했다. 약속의 땅 가나안에 들어가게 되면 반드시 에발 산을 찾아서 거기서 단을 쌓고 예배를 드리라는 명령을 오래 전에 하신 것이다.

당신이 있는 곳을 예배의 장소로 만들라 에발 산은 저주의 산으로 지명된 곳이었다. 그런데 하나님은 왜 하필 에발 산에 제단을 쌓고 번제와 화목제를 드리라고 명령하신 것일까? 에발 산에서 드려질 제사는 훗날 갈보리 산에서 인간의 죄를 위하여 죽임을 당하실 예수 그리스도의 십자가 사건을 예표했다. 죄인은 하나님의 저주를 받아 죽을 수밖에 없었다. 예수님은 저주 받아 마땅한 죄인인 우리를 위하여 갈보리 산에서 대신 저주를 받고 돌아가셨다. 자신의 생명을 우리 인간과 하나님 사이를 화평케 하는 제물로 내어 주셨던 것이다. 여호수아와 백성들은 몰랐지만 그들은 자기들을 위해 베풀어지는 하나님의 놀라운 사랑, 그 놀라운 은혜를 기념하고 있었던 것이다.

처음 컴퓨터를 선물 받은 아이가 분명히 자기 것인데도 그 컴퓨터의 놀라운 기능을 다 모르는 것처럼, 우리는 하나님의 놀라운 사랑 한

가운데에 있으면서도 그 사랑의 깊은 의미를 당시에는 다 깨닫지 못한다. 그러나 우리는 엄청난 사랑을 진심으로 감사하며, 경외하는 마음으로 그저 받기만 하면 된다.

백여 년 전까지만 해도 우리 나라 삼천리 곳곳은 귀신들을 섬기는 단들과, 서낭당, 장승들로 가득했었다. 마치 미움과 궁핍과 악이 성행했던 저주의 땅, 에발 산과 같았다. 그러나 하나님의 복음이 이 땅에 들어왔고, 이 땅은 하나둘씩 축복의 땅으로 변해 왔다. 하나님이 당신을 초대하셔서 만나 주시는 바로 그곳은 이제 더 이상 저주의 장소가 아닌 축복의 장소로 변할 것이다. 하나님을 만나는 그 순간부터 당신의 인생은 저주의 인생에서 축복의 인생으로 변할 것이다.

겸손한 마음으로 나아가라 여호수아는 율법에 기록된 대로 에발 산에 제단을 쌓되 특별히 '철 연장으로 다듬지 않은 자연석'으로만 단을 쌓게 했다. 하나님은 인간의 손으로 다듬어진 것이 아닌, 그냥 돌로 된 단을 요구하셨다. 당시 가나안 족속들이 자신들의 신에게 예배 드리기 위해 만든 단은 사람의 기교로 잘 다듬어진 것들이었다. 그러나 하나님은 다듬지 않은 자연석 제단을 원하셨다. 이것은 하나님은 인간의 손으로 조종되거나 해석될 수 있는 존재가 아님을 의미했다. 다듬지 않은 자연석은 보잘것없어 보이지만 있는 그대로의 순수한 모습을 지니고 있다. 하나님은 우리가 그런 순수하고 겸손하며 가난한 마음으로 예배 드리기를 원하신다. 예배는 인위적으로 만든 화려한 쇼가 아니다. 내 모습 그대로 하나님 앞에 겸허히 엎드리는 행위다.

자연석으로 만든 제단 위에서 여호수아는 번제와 화목제를 드렸다.

그것은 하나님과의 친밀한 교제를 다시금 새롭게 다지는 행위였다. 전쟁을 멈추고, 다른 모든 것을 제쳐 둔 채 이스라엘 전 민족이 에발 산에서 제단을 쌓고 하나님께 예배하는 이 장면을 주목하라. 그것은 가나안 정복 전쟁이 중요하지 않아서가 아니었다. 무엇보다도 하나님 앞에 헌신과 친교의 시간을 갖는 것이 중요하기 때문이었다. 오늘날도 마찬가지다. 할 일이 없어서, 시간이 남아서 하나님 앞에 나아가는 것이 아니다. 할 일이 너무 많기 때문에, 그 일들이 하나같이 다 복잡하고 만만찮기 때문에, 숨이 가쁠 정도로 시간이 너무 부족하기 때문에 더더욱 우리는 시간을 따로 떼어 하나님과 만나야 한다.

하나님 자리 마련하기

말씀을 묵상하라 빨리 달리는 차 안에서는 아무리 바깥 경치가 아름다워도 휙휙 지나가 버리기 때문에 그 풍경을 100% 음미하지 못한다. 초고속 인터넷 정보 통신의 시대를 살고 있는 우리는 겉으로 보기에는 정말 편리하고 환상적인 삶을 살고 있는 것 같지만, 실은 상당히 메마르고 정말 중요한 것을 놓친 삶을 살고 있다. 켄 가이어의 「묵상하는 삶」이란 책을 보면, 멕시코 시티의 대형 시장 한 구석에서 양파를 팔고 있던 한 인디언 노인의 이야기가 나온다.

시카고에서 온 미국인 한 명이 다가와 양파 한 줄이 얼마냐고 물었다. 그러자 노인은 10센트라고 말했다. 가만 보니, 노인이 내놓은 양파는 모두 스무 줄 정도였다. 그래서 미국인이 스무 줄 다 사면 얼마냐고 물었다. 대량 구입하면 어느 정도 깎아 줄 수 있느냐는 서구식 경제 개념으로 물은 것인데, 이에 대한 노인의 대답은 뜻밖에도 다 팔 수 없다는 것이었다. 놀란 미국인이 물었다. "왜 못 파신다는 겁니까? 한꺼번에 다 팔아 버리면 하루 종일 여기서 고생 안 해도 되는데 좋지 않습니까?"

그러자 그 노인이 대답했다. "나는 지금 인생을 살러 여기 나와 있는 거요. 나는 이 시장을 사랑하오. 북적대는 사람들을 사랑하고, 햇빛을 사랑하고, 흔들리는 종려나무를 사랑하오. 친구들이 다가와 인사를 건네고, 자기 아이들이며 농사에 대해 얘기 하는 것을 사랑한다오. 그것이 내 삶이오. 바로 그것을 위해 하루 종일 여기 앉아 양파 스무 줄을 파는 거요. 그런데 한꺼번에 다 몽땅 팔면 돈은 벌겠지만 그걸로 내 하루는 끝이요. 사랑하는 내 삶을 잃어버리는 것이오. 그렇게는 할 수 없다오."

이 이야기를 읽으면서 나는 뭔가로 뒤통수를 맞는 듯한 충격을 받았다. 그렇다. 우리에게 주어진 삶은 돈으로 사고 팔 수 있는 것이 아니다. 언제부터인가 우리는 스피드와 효율성이라는 이유로 너무나 많은 것들을 무시하면서 함부로 처리해 왔다. 그래서 이전보다 좀 더 잘 살고 편하게 살게 되었다고는 하지만, 어딘지 모르게 삭막하고 메마르며 공허한 느낌들을 가슴속에 느끼기 시작했다. 외적인 삶이 아무리 화려해도 영혼 깊은 곳에 이런 황량함이 커져 간다는 것은 무언가가 잘못되었음을 의미한다. 효율성만 따지는 사람은 서울에서 부산까지 비행기를 타고 한 시간 만에 날아간다. 그에게는 서울과 부산 사이에 아무것도 없다. 그러나 차를 천천히 몰고 가면 곳곳의 아름다운 산과 강과 들, 저녁놀과 쌍무지개가 보인다. 더 천천히 걸어가면 지나가는 사람들의 웃음소리, 흐르는 시냇물의 기가 막힌 화음이 들린다.

'묵상'이라는 말의 라틴어 어원을 살펴보면, 거울로 영상을 되받아 좀 더 자세히 본다는 뜻을 갖고 있다. 즉 묵상하는 삶이란 하루 중 사물과 사람들, 자신과 하나님을 좀 더 자세히 그리고 깊이 바라보는 삶이다. 걸음을 늦추고 말을 멈춘 채 조용하고 겸손하게 영혼 깊은 침묵에 들어간다. 그때 가장 평범한 것들 속에서 가장 거룩한 메시지를 듣는다. 아브라함 헤쉘은 이런 말을 했다. "모든 인간의 삶에는 기지(旣知)의 수평에 막이 올라 영원한 세계가 열리는 순간이 있다. 어떤 이들에게는 그런 순간이 무심코 지나쳐 잊혀지고 마는 유성 같은 것이지만 어떤 이들에게는 영원히 꺼지지 않는 불꽃이 된다."

예수님은 '씨 뿌리는 자의 비유'를 들려주셨다. 여기서 씨는 하나님의 말씀을 상징한다. 하나님의 말씀이 우리의 영혼에 파고들어 우리를 변화시키는 것을, 농부가 땅에 씨를 뿌려 그 씨가 싹을 틔우고 열매를 맺는 것에 비유하신 것이다. 여기에서 중요한 포인트는 씨가 자라서 열매를 맺는지의 여부는 그 씨가 떨어진 토양의 상태에 달려 있다는 사실이다. 즉, 하나님의 말씀이 우리의 영혼 속에 들어와 우리를 변화시키는 것은 우리 영혼의 상태에 달려 있다. 우리가 너무 바쁘거나, 교만과 열등감에 빠져 있거나, 여러 가지 유혹과 괴로움에 사로잡혀 있으면 말씀을 발견할 수도, 말씀에 제대로 반응하지도 못한다.

말씀을 마음에 새기라 단을 쌓고 하나님께 예배를 드린 뒤에는 율법의 말씀을 돌 위에 기록했다. 당시, 고대 중동 지역에서는 왕이 큰 돌

위에 석고를 바르고 자기의 군사적 위업을 기록함으로써 자신의 위대함을 축하하는 것이 관례였다. 애굽의 피라미드도 왕들이 자신의 업적을 과시하기 위해 만든 것들이었다. 그러나 가나안의 가장 강한 성들을 무너뜨린 이스라엘군의 지도자 여호수아는 하나님의 말씀을 기록했다. 여호수아는 이스라엘 민족의 승리는 자신들의 힘이 아닌, 하나님의 말씀에 순종한 결과임을 알았기 때문이다.

우리는 대부분 중요한 것이나 항상 기억해야 할 것들을 적어서 잘 보이는 곳에 둔다. 가훈이나 사훈 같은 것을 좋은 액자에 걸어 놓거나, 학창 시절 때는 중요한 영어 단어들이나 요점들을 화장실이나 책상 앞에 붙여 놓고 외운다. 새로운 땅 가나안에 들어가서 적과 싸워 이기는 것보다 중요한 것은 이스라엘 백성이 하나님의 말씀을 늘 기억하고 지키는 것이었다. 그래서 여호수아는 이미 시작한 가나안 정복 전쟁 와중에서 모든 백성을 모아 놓고 돌에다 하나님 말씀을 새겼다. 돌에다 백성들이 알아볼 수 있도록 말씀을 새기는 작업은 보통 일이 아니었을 것이다. 모세의 율법 전체를 돌에다 옮겨 적었으니, 엄청난 시간과 노력이 들었을 것이다. 그러나 여호수아의 지휘 아래 모든 이스라엘 백성은 이 작업이 진행되는 동안 철저히 침묵하고 그 과정을 지켜보았다.

오늘을 사는 우리도 아무리 시간이 걸리고, 힘이 들어도 항상 우리의 영혼 속에 하나님의 말씀을 새기는 작업을 쉬지 말아야 한다. 시편 37편 31절에 이런 말씀이 나온다. "그 마음에는 하나님의 법이 있으니 그 걸음에 실족함이 없으리로다." 영혼 속에 하나님의 말씀을 새긴 사람은 어둠 속을 걸어갈 때도 그 말씀이 '발에 등불이 되어 줄 것' 이라고 했다. 당신은 얼마나 하나님의 말씀을 마음속 깊이 새기고 있는가?

하프 타임의 우선순위

말씀을 들려주라 마침내 말씀을 새기는 작업이 끝나자, 여호수아는 역시 모세가 지시했던 대로 이스라엘 백성을 크게 두 그룹으로 나누어서 북쪽의 에발 산과 남쪽의 그리심 산 앞에 서게 했다. 르우벤, 갓, 아셀, 스불론, 단, 납달리 지파는 에발 산 앞에 섰고, 시므온, 레위, 유다, 잇사갈, 에브라임과 므낫세, 베냐민 지파는 그리심 산 앞에 섰다. 그리고 두 산 사이에 있는 세겜 골짜기에 제사장과 레위인들이 언약궤를 가지고 섰으며, 이스라엘의 모든 리더들이 그들을 둘러섰다. 이스라엘 백성은 모두 하나님의 임재를 상징하는 언약궤로 얼굴을 향하고 섰다. 여호수아는 거기서 하나님이 주신 축복과 저주의 율법을 큰 소리로 낭독했다. 성경학자들은 그 골짜기가 자연적인 음향 조건이 매우 뛰어나서 말씀을 낭독하기에 아주 적합했다고 한다.

모세의 율법의 모든 말씀을 하나도 빠짐없이 낭독했다고 하는 것으로 봐서, 구약 성경 신명기의 주요 부분을 다 읽은 셈인데 아마 반나절 이상은 족히 걸렸을 것이다. 그 긴 말씀을 여인과 아이들을 포함한 이스라엘 모든 백성과, 함께 거하는 외국인들까지 모두 빠짐없이 들었다. 하나님의 임재를 상징하는 언약궤를 바라보면서 말이다. 아무도 하나님의 말씀을 듣는 시간에 다른 일을 하지 않았다. 특히 민족의 지도자들이 제일 앞에 서서 귀 기울여 들었다. 하나님의 말씀을 안 들어도 될 만큼 완전한 인간은 없다. 하나님의 지도자에게 있어서 가장 중요한 사명은 모든 사람으로 하여금 자신이 아닌 하나님을 바라보게 하고, 자신의 말이 아닌 하나님의 말씀을 듣게 해 주는 것이다.

리더여, 사자의 심장을 가져라

말씀을 들으라 하나님을 바라보며, 하루 종일 말씀을 새기고, 말씀을 듣는 이스라엘 백성의 모습은 우리 인생의 진정한 우선순위가 무엇이어야 하는지를 보여 준다. 나라와 개인 모두에게 있어서 전쟁만큼 절박한 상황은 없다. 이스라엘이 바로 이런 절박한 전쟁 상황에 있었지만, 그들은 하루 종일 하나님의 말씀을 듣고 마음에 새겼다. 그들은 하나님의 말씀을 듣는 일에 최상의 가치를 부여했다. 이와 같은 자세는 앞으로 전개될 가나안 정복 전쟁에서 이스라엘이 다시는 아이 성의 패배와 같은 수치를 당하지 않고 연전연승할 수 있었던 비결이었다. 하나님의 말씀을 들을 시간이 없을 만큼 바빠서는 안 된다. 그것은 차 몰고 다니느라 바빠서 기름 넣을 시간 없다고 하는 것과 마찬가지다. 기름을 제때 넣지 않으면 언젠가는 넣고 싶어도 넣지 못하는 상황에 봉착하게 된다. 예기치 못한 때에 차가 서 버려 큰 곤란을 겪게 될 것이

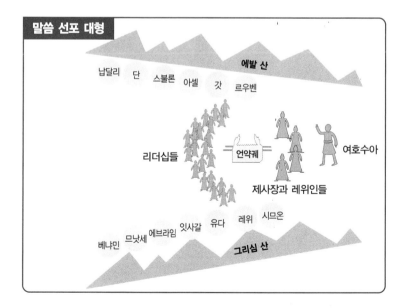

말씀 선포 대형

에발 산

납달리   단   스불론   아셀   갓   르우벤

언약궤

리더십들

여호수아

제사장과 레위인들

베냐민   므낫세   에브라임   잇사갈   유다   레위   시므온

그리심 산

다. 하나님의 말씀도 제때 듣지 못하면 영혼이 서서히 고갈되기 시작해 언젠가는 듣고 싶어도 듣지 못하는 상황에 봉착하게 된다. 가장 필요한 때, 가장 예기치 못한 때에 인생이 마비되어 버릴 수 있다.

대학 시절, 어려운 수학 문제를 못 풀어서 하루 종일 끙끙댄 적이 있다. 결국 포기하고 조교에게 가져갔더니, 단 5분 만에 풀어 주면서 원리와 요령을 쉽게 설명해 주었다. 그 다음부터 그런 유형의 문제는 쉬웠다. 왜 진작 조교에게 가서 물어보지 않았는지 후회가 막심했다. 인생의 난관에 부딪쳐 씨름하느라 하나님의 말씀을 들을 짬이 없다는 그대여, 하나님의 단 한마디 말씀 속에 사람의 백만 마디 말이 주지 못하는 지혜가 있음을 아는가? 상상치도 못한 새로운 아이디어와 능력이 거기에 있다. 그 누구도 주지 못하는 감동과 위로와 격려가 바로 거기에 있다. 진정한 성공과 형통의 길이 바로 그 말씀 속에 있다.

하나님의 말씀은 그 자체로 완전하다. 아무도 그 말씀을 감히 빼거나 더할 수 없다. 그래서 여호수아는 모든 백성을 세워 놓고 그 긴 말씀을 하나도 빠짐없이 다 읽었다. 당시는 종이로 인쇄된 성경이 없었으므로, 한 번 지나가면 다시 들을 수 없는 말씀이었기에 말씀 하나하나를 모두 폐부에 새기면서 들었다. 자신들의 과거의 승리와 패배, 고난과 구원의 순간들을 모두 말씀 앞에 비춰 보면서 들었다. 앞으로 펼쳐질 가나안 정복 전쟁의 비전을 말씀 앞에 비춰 보면서 들었다. 자신들의 과거와 현재와 미래가 다 말씀을 통해 그려지고 있었다.

전반전을 돌아보며 후반전의 작전을 지시하는 감독의 말을 듣는 선수들처럼, 이스라엘 백성들은 그날 하나님의 말씀 하나하나에 모든 신경을 집중해 들었다. 만만치 않은 전반전을 치렀기에, 성공과 패배의 경험을 모두 겪은 이스라엘 민족이었기에 인생의 하프 타임에 감독이신 하나님의 말씀에 더욱 집중할 수 있었다.

～•～

C. S. 루이스는 "인간 최대의 존엄성은 주도권이 아니라 반응에 있다"고 말했다. 하나님이 말씀하시면 우리는 듣는다. 그분이 두드리시면 우리는 연다. 또한 그분이 씨를 뿌리시면 우리는 열매를 맺는다. 전반전에서 지치고 피곤한 선수들을 하프 타임의 신호와 함께 맞아 주는 감독처럼, 하나님이 우리 인생의 하프 타임을 선언하시고 초대하시는 때가 있다. 아무리 늦은 시간에 두드리시고 아무리 낮은 모습으로 나타나셔도, 그분이 우리 삶의 현장에 오시면 우리는 그 임재만으로도 새 힘을 얻고 그의 말씀으로 양분을 얻는다. 우리 마음속에 하나님의 말씀이 새겨질 공간, 하나님이 우리의 지친 영혼을 만지실 수 있는 공간, 그것이 바로 하프 타임이며 지금 당신이 가장 필요로 하는 것이다.

Bookmark for Leaders

🏆 리더의 하프 타임

- 과감하게 멈추고 하프 타임을 선언하라.
- 당신이 서 있는 그곳을 예배의 장소로 만들라.
- 말씀을 깊이 묵상하고 마음에 새기라.

"실패하기에 가장 쉬운 순간은 성공 바로 그 이후다.
자만과 방심은 성공의 가장 큰 적이다."

성공을
경영하라

여호수아 9:3-7, 14-16

제2차 세계 대전 당시, 미국과 영국을 주축으로 한 서방의 연합국들은 독일과 일본에 맞서 싸우기 위해 소련의 스탈린과 손을 잡을 수밖에 없었다. 스탈린은 수십만 명이 넘는 사람들을 잔인하게 숙청하고, 인권을 철저하게 유린하는 독재자였다. 그러나 루스벨트 대통령은 말했다. "이 다리를 건널 수만 있다면 악마와도 손을 잡겠다." 그만큼 당시 상황은 급했던 것이다. 그러나 그것은 너무나 위험한 동거였다.

제2차 세계 대전이 막을 내릴 무렵 이미 영국의 수상 처칠은 스탈린의 공산주의의 야욕이 히틀러의 파시즘 못지않게 무섭다는 사실을 인식하고, '철의 장막' 이라는 말로 그 위협을 경고했다. 그 후 과연 소련은 순식간에 동유럽과 중국, 중남미 곳곳에 공산 정권을 확산시켰다. 60년대 초반에는 레닌이 예언한 대로 세계 지도의 3분의 1이 공산주의화되고 말았다.

우리의 인생에서도 손을 잡지 말아야 할 상대와 손을 잡았다가 후에 두고두고 후회하게 되는 경우가 많다. 당장 상황이 어렵다는 이유로, 혹은 상대의 위장에 속아서 시작한 위험한 동거로 인해 나중에 뼈아픈 대가를 치르게 된다. 지혜와 능력을 겸비한 탁월한 지도자 여호수아, 그 역시 실수를 범하고 말았다. 아이 성 싸움 실패에 이어 두 번째 저지르게 된 그의 실수는 바로 기브온 부족과의 화친이었다.

성공을 틈타는 실수의 함정

아이 성의 패배를 승리로 대전환시킨 이스라엘은 다시 한 번 승리로 우쭐해졌다. 에발 산 앞에서 하프 타임을 가진 이스라엘군은 다시 전열을 다듬고, 거침없이 가나안 땅 안으로 진군하기 시작했다. 이로 인해 평소 별로 사이가 좋지 않던 가나안의 모든 부족들이 싸움을 중지하고, 공동의 적인 이스라엘을 대적하기 위해 연합군을 결성했다. 지금까지 개별적인 도시들을 상대해 오던 이스라엘은 이제 강력한 동맹군의 공격을 받게 된 것이다. 모든 가나안 동맹국들의 대표들은 한 자리에 모여 이스라엘과 어떻게 싸울 것인지에 대한 전략 회의를 열었다. 아마도 그들은 여리고 성과 아이 성 전투에 대한 상세한 정보를 입수해서 이스라엘군의 허와 실을 파악, 전투 준비를 하려 했을 것이다. 그런데 연합군의 전략 회의에 참석했던 동맹국들 가운데 기브온에서 온 사람들은 여리고 성과 아이 성 전투에 관한 브리핑을 들으면서 다른 결론에 도달했다. 이스라엘과 전쟁하는 것보다 화친해야 한다는 사실이었다.

타협을 조심하라 가나안의 다른 성읍들과는 달리, 기브온 사람들이 이스라엘과 전쟁하는 연합 세력에 가담하지 않고 평화 조약을 맺고자 했다는 것은 상당히 특이한 일이다. 이들이 이렇게 독자적으로 행동할 수 있었던 것은 그들의 정치 조직이 다른 가나안 왕국들처럼 일인 독재 체제의 왕정이 아니라, 장로들이나 평의원들에 의한 민주적인 방식이었기 때문이다. 9장 3절을 보면, 한 명의 왕이 아닌 '기브온 거민들이' 함께 의논하여 결정했다고 되어 있는 기록이 이 사실을 뒷받침한다.

고대의 왕들은 쓸데없는 자존심이 강해서 대체로 적국에게 유화적인 태도를 보이지 않았다. 그래서 무모한 싸움을 고집하다가 모든 백성을 파멸로 이끄는 경우가 많았다. 그런데 기브온은 백성들 중에서 지혜와 경험으로 존경 받는 여러 대표들이 모여 합리적인 의견 교환을 통해 최종 결정을 내리는 체제였다. 그리고 그들의 판단은 정확했다. 기브온은 강한 힘을 갖고 있었지만, 동시에 현실 파악 능력도 정확했다. 강자가 강자를 알아보는 법이다. 기브온 사람들은 결코 나약한 민족이 아니었다. 기브온 성은 웬만한 대제국의 수도에 버금가는 거대한 성이었다. 더구나 기브온 사람들은 하나같이 용맹한 군사들이어서 가나안 전체에 소문이 자자했다. 그런데 그 강한 전투력을 가진 기브온이 싸워 보지도 않고 이스라엘에게 화친을 먼저 제의했다는 사실은 그 자체로 놀라운 일이었다.

기브온의 화친 정책은 가나안 민족들 전체에게 엄청난 심리적 충격을 주었다. 기브온은 큰 힘을 갖고 있었지만, 그래도 자신들의 힘만으로는 하나님이 함께하시는 이스라엘을 상대할 수 없다는 사실을 알았던 것이다. 뛰어난 검객은 서로 칼만 대 봐도 상대가 과연 얼마나 센가, 과연 이 싸움이 할 만한 것인가를 금세 파악한다고 한다. 가나안 최고의 군사력을 가진 성 가운데 하나인 기브온은 이미 이스라엘이 무적의 군대임을 파악했던 것이다.

리더에게 있어서 무모한 낙천주의는 금물이다. 월남전에 월맹군의 포로가 된 미군 최고위 장교였던 짐 스톡데일 장군은 8년 동안 수용소에 갇혀 있는 동안 20여 차례의 고문을 당하면서도 의연히 살아남았다. 그는 자신의 경험을 회고하면서, 포로 생활을 가장 견뎌 내지 못한 사람들은 바로 무모한 낙관주의자들이었다고 했다. 즉 '크리스마스 때까진 나갈 거야'라는 막연한 기대를 갖다가, 그것이 안 이루어지면 상심해서 죽는다는 것이다. 물론 결국에는 반드시 살아서 나간다는 희망은 가져야 하지만, 눈앞에 닥친 현실의 냉정함을 직시할 줄 알아야 한다는 것이다. 무조건 싸우는 것만이 용기가 아니다. 냉정하게 현실을 직시하고, 자존심이 상해도 싸우지 말아야 할 때는 무기를 내려 놓고 때를 기다리는 것이 더 위대한 용기다. 적어도 기브온의 리더들은 냉정하게 현실을 직시할 수 있었다. 그 결과 그 성의 사람들은 모두 목숨을 건졌다.

대충 하지 말라 신명기 20장 10-20절을 보면, 이스라엘은 가나안의 모든 성읍을 다 멸해야 한다고 명기되어 있다. 여호수아의 전임자 모세를 통해 내려진 하나님의 명령은 어떻게 보면 매우 비정하고 잔인하게 느껴지겠지만 거기에는 다 이유가 있었다. 당시 가나안 민족들은 갖가지 이상한 귀신들과 우상들을 섬기고 있었고, 성적으로 문란했으며, 폭력이 난무하는 등 도덕적으로 몹시 타락해 있었다. 만약 가나안 사람들을 살려 둬서 이스라엘 백성과 같이 살게 하면, 이스라엘 백성도 금세 그들에게 오염되어 하나님을 버리고 타락할 것이 뻔했다. 그래서 아무리 비정해 보여도, 가나안 땅의 부족들과는 일체 화친하지도 말고 싸워 완전히 멸망시킬 것을 하나님은 이스라엘 백성들에게 명령하셨던 것이다.

하지만 가나안 땅 안에 있는 부족들을 모두 멸망시킨 후에, 이스라엘은 가나안 땅 밖의 다른 나라와 성읍들에 한해서 화친을 제의할 수 있었다. 가나안 땅 밖은 이스라엘 백성들이 거주할 곳이 아니므로 그곳에 사는 사람들이 이스라엘 사람들을 죄로 물들일 가능성은 희박했기 때문이다. 그런데 어떻게 알아냈는지는 모르지만, 아무튼 기브온 사람들은 이 법에 대한 정보를 입수하고 자기들의 신변 보호를 위해 이 전략을 이용하기로 했다.

기브온은 길갈에 있는 이스라엘군 총사령부로부터 불과 40km 떨어진 곳에 위치한 지역으로, 하나님이 주신 명단에 반드시 진멸되어야 할 곳으로 명기되어 있는

> 너희는 뱀같이 지혜롭고 비둘기 같이 순결하라. — 마태복음 10장 16절

지역이었다. 하나님은 절대 타협해서는 안 될 가나안의 거대한 일곱 부족들을 언급하시며 반드시 멸망시켜야 할 부족들로 규정하셨는데, 기브온 성도 그 중에 하나였다. 그러므로 기브온 사람들이 정직하게 자기들의 정체를 밝히면 협상은 불가능했다. 그들은 꾀를 내었다. 사절단을 뽑아 일부러 아주 먼 곳에서 험난한 여행길을 걸어온 사람들처럼 보이기 위해 의복, 음식, 장비, 기타 모든 것들을 다 낡고 오래된 것으로 변장했다. 비록 적국이긴 하지만 기브온 사람들의 이런 치밀한 준비는 우리에게 시사하는 바가 크다. 이스라엘은 기브온에 대한 정보가 거의 전무했는데, 반대로 기브온은 이스라엘을 움직이는 정신적 나침반인 모세의 율법에 대해서도 이미 파악을 하고 있었던 것이다. 정보력에 있어서도 이스라엘보다 한 발 앞섰던 것이다. 그들은 정보를 파악만 한 것이 아니라, 자신들에게 불리한 정보라도 오히려 그것을 역이용할 아이디어를 내서 바로 실천에 옮겼다.

크리스천들은 세상을 변화시켜야 하는 사명을 지녔다. 그런데 뜻밖에도 세상은 교회에 대해 잘 아는데, 교회는 세상에 대해서 잘 모르는 경향이 있다. 물건을 파는 비즈니스만 하더라도 내 물건에 대해 아는 것 이상으로 그것을 팔 시장, 소비자에 대해서 치밀하게 파악하는 것이 기본이다. 예수님도 "이 세대의 아들들이 자기 시대에 있어서는 빛의 아들들보다 더 지혜로움이니라"(눅 16:8)고 하셨다. 하나님의 백성인 이스라엘은 하나님을 믿지 않는 기브온 사람들의 치밀한 준비성을 배워야 했다. 오늘날 교회도 세상의 탁월한 사람들의 치밀한 준비성을 배워야 한다. 이제 더 이상 '은혜롭게 하자'는 말로 준비 없이 대충대충 넘기는 일들이 교회에 있어서는 안 될 것이다.

성공을 경영하는 법

끝까지 경계하라 기브온 사람들은 가장 배짱 좋고 순발력 있으며 지혜로운 대표들을 뽑아, 마치 먼 곳에서 온 여행자들처럼 변장을 시켜 이스라엘군 총사령부로 보냈다. 여호수아와 이스라엘의 지도자들 앞에서 그들은 최대한 불쌍한 표정을 지으면서, 자신들은 먼 곳에서 온 부족이니 자신들과 평화 조약을 맺자고 간청한다. 처음에는 이스라엘 리더들도 쉽게 속아 넘어가지 않았다. 그들은 날카로운 질문을 던졌다. "너희들은 가나안 땅에 거하는, 우리와 가까운 곳에 거하는 부족들 같은데 어찌 너희들과 평화 조약을 맺을 수 있는가? 너희는 대체 누구며 어디서 왔는가?" 이것은 당연한 경계였다. 리더로서 가장 중요한 자질 가운데 하는 신중함이다. 특히 한 공동체의 대표로서 리더는 자신이 이끄는 사람들의 운명을 걸고 협상 테이블에 마주앉을 때, 모든 준비를 철저히 하여 상대를 무시하거나 과대평가하지 말고 냉정하게 판단해서 실수가 없도록 해야 한다.

이처럼 여호수아와 이스라엘의 리더들도 처음에는 바람직한 경계심을 가졌다. 그러나 문제는 이 같은 경계심을 끝까지 유지하지 못했다는 데 있었다. 기브온 사람들이 보인 비굴한 태도와 말 그리고 질문의 핵심을 피해 가는 기민한 답변에 이스라엘의 리더들은 그만 경계심을 차츰 늦추고 말았다. 만약 그들이 끝까지 경계심을 늦추지 않고 신중히 생각했더라면 몇 가지 의문 나는 점들을 더 예리하게 지적해 낼 수 있었을 것이다. '만약 저들이 정말 먼 지방에서 왔다면 아직 가나안 전체와 싸워야 하는 우리가 위협이 안 될 텐데, 왜 구태여 이렇게 멀리까지 와서 우리와 평화 조약을 맺으려 하는가? 그리고 정말 한 나라를 대표하는 사절단이라면, 가장 좋은 인상을 주기 위해 우리와 만나기 전에 갈아입을 의복을 준비해 왔을 것이다. 장거리 여행에 옷이 떨어질 것이라는 것을 예상 못했을 리가 없지 않은가? 그런데 패잔병도 아닌데 왜 저토록 낡은 옷을 입고 있는가? 장거리 여행을 하면서 돌아갈 때의 식량과 옷을 전혀 준비하지 않았을 뿐 아니라, 여기 와서 다 떨어질 정도로 허술한 준비를 했단 말인가?' 그러나 그들은 경계를 늦춘 바람에 그만 기브온 사람들의 말에 속아 넘어가고 말았다.

외로움을 이겨 내라 현명한 지도자 여호수아와 이스라엘 지도자들이 왜 이렇게 끝까지 경계심을 유지하지 못하고 속아 넘어가게 되었을까? 아마 거기에는 인간적인 외로움과 불안감이 상당히 작용했을 것이다. 이스라엘 백성들은 애굽에서의 노예 생활 400여 년, 광야 생활 40여 년, 가나안 땅에 들어온 지난 1년 동안에 그 누구에게도 호의적인 대접을 받은 적이 없었다. 모두 자신들을 대적하고 냉대하는 적들뿐이었다. 따라서 이스라엘은 이러한 상황 가운데 그 누구도 의지하지 못한 채 외로웠을 것이다. 당연히 상대방의 호의적인 반응에 주려 있었을 것이다. 이러한 때에 먼 지방에서 찾아왔다는 이 사절단의 친절한 말과 "우리는 당신들의 종입니다" 하는 복종적인 태도에 그만 마음이 약해져 버린 것이다. 하나님만 의지하고 살아야 하는 여호수아와 이스라엘 백성들이었지만, 순간적으로 친구가 그리운 인간적인 마음에 그만 방심해 버린 것이다.

어린 나이에 미국으로 이민 간 교포 청소년들이나 유학생들이 종종 그곳의 백인이나 멕시칸, 흑인 학생들과 어울리다가 그만 오염되어 마약, 섹스, 폭력, 절도 같은 범죄 행위들에 휩쓸리는 경우가 많다. 순수하고 착했던 아이들이 왜 그렇게 되는 것일까? 낯선 땅에서 외롭고 힘든 생활에 지치다 보면 자연스럽게 따뜻한 인간관계가 그리워지게 마련이다. 그때 미국 학생들이 다가와서 조금만 따뜻하게 대해 주거나 자기들 그룹에 넣어 주기라도 하면 금세 경계심을 늦추고 그들 속에 흡수된다. 그리고 그들에게서 따돌림당하지 않기 위해서 시키는 대로 하게 되는 것이다.

하나님의 사람들도 믿는다는 이유 때문에 세상으로부터 종종 소외당하고 외로움을 느낀다. 하나님만 믿는다고 하면서도 세상으로부터도 외면당하고는 싶지 않은 마음, 세상의 무엇인가를 의지하고자 하는 욕구가 우리 안에 은근히 있음을 사탄은 잘 알고 있다. 사탄은 바로 우리의 그 약점을 그냥 놔두지 않는다. 언제 부드럽고 교활한 유혹의 손길을 뻗쳐 올지 모른다. 우리는 자칫 방심하면 친구가 되자고 내미는 사탄의 손을 잡게 되는 것이다. 그러므로 외롭고 힘들수록 우리는 "나의 힘이 되어 주실 분은 오직 하나님뿐이다"라는 고백을 마음 깊이 새김으로써 마음 단속을 잘해야겠다.

외적 조건으로 판단하지 말라 여호수아와 그의 부하들은 기브온 사람들의 치밀하고 교활한 준비에 꼼짝없이 속아 넘어갔다. 기브온 사절단에 대하여 가졌던 일말의 의혹도 그들이 제시한 증거물로 인해 누그러지고 말았다. 말라비틀어져 곰팡이가 슨 빵 조각들, 여기저기 찢어져 누더기처럼 변해 버린 가죽 부대, 낡아서 해진 옷과 신발 등의 남루하고 초라한 물건들과 행색은 누가 보더라도 몇 달에 걸쳐 길고 먼 여행을 한 것처럼 보였다. 거기다가 기브온 사절단의 애절하고 불쌍하게 보이도록 꾸미는 연기력은 정말 감쪽같았다. 그래서 이스라엘 리더십은 '눈으로 보고 코로 냄새 맡을 수 있으니, 더 이상 의심할 필요가 없다'고 판단한 것이다.

그러나 그들은 결정적인 실수를 저지르게 된다. "무리가 그들의 양식을 취하고 어떻게 할 것을 여호와께 묻지 아니하고"(9:14). 즉 그들은 '이렇게 자명한 사실은 하나님께 물어볼 필요도 없다. 공연한 시간 낭비다'라고 쉽게 생각해 버린 것이다. 여호수아와 이스라엘의 리더들이 이 같은 치명적인 판단 착오를 내리게 된 데는 시각적인 증거가 너무 분명했다. 바로 이것이 문제였다. 너무 쉽다고 생각될 때, 이것쯤은 내 경험과 상식으로도 너끈히 해결할 수 있다고 방심할 때 우리는 덫에 걸리고 만다. 당신의 지식이 아무리 풍부해도, 당신의 경험이 아무리 많아 노련해도, 당신의 처세술이 아무리 뛰어나도 당신은 유한한 인간에 불과하다. 파일럿들 가운데서도 가장 숙달된 파일럿들이 뜻밖에 평이한 비행 중 사고로 죽는 비율이 높은 원인을 아는가? 너무 자신의 실력을 과신한 나머지, 계기판을 보지 않고 감으로 비행기를 몰다가 고도를 착각해서 바다를 하늘로 잘못 알고 추락 사고를 내는 등의 경우가 있다는 것이다. 그래서 파일럿들을 훈련시킬 때는 어떤 일이 있어도 계기판을 철저히 바라보고, 자신의 감을 믿지 말고 계기판을 믿으라고 가르친다.

무인이란 세 살짜리 어린아이와 마주 설 때조차도 몸조심을 해야 한다.
— 미야모토 무사시

당신은 영리하다고 자부하는가? 그렇다면 당신의 그 영리함이 오히려 당신을 무너뜨릴 수 있다는 사실을 늘 기억하라. 당신의 인생에서도 자신의 능력을 과신한 나머지 감으로 경솔하게 결정해 버린 일들, 식은 죽 먹기처럼 쉬운 일이라고 여겨 깊이 생각하지도 않고 신속하게 처리해 버린 일들이 뜻하지 않게 당신의 덜미를 잡는 치명적 실수가 될 수 있다. 그러므로 눈에 보이는 상황만을 가지고 하나님의 뜻을 해석하지 말라. 오히려 하나님의 뜻을 가지고 상황을 해석해야 한다. 당신이 하나님을 판단하지 말고, 하나님으로 하여금 당신을 판단하시게 하라. 하나님 앞에서 당신이 자꾸 말하지 말고, 하나님이 당신에게 하시는 말씀에 조용히 귀를 기울이라. 리더로서 어떤 결정을 해야 할 때, 그것이 아무리 만만해 보여도 신중히 하나님 앞에 엎드려 기도하고 결정하라.

실수를 줄이는 비결

지혜를 구하라 여호수아와 이스라엘 지도자들의 실수는 눈에 보이는 상황을 자신들의 감으로 해석했을 뿐, 하나님께 엎드려 기도하지 않은 데 있었다. 자신들의 판단이 불안정하고 자신이 없다면 모든 것을 알고 계신 하나님께 우선 나아가야 했다. 성경은 우리에게 이렇게 권면하고 있다. "너희 중에 누구든지 지혜가 부족하거든 모든 사람에게 후히 주시고 꾸짖지 아니하시는 하나님께 구하라 그리하면 주시리라"(약 1:5). 하나님은 우리의 간구와 기도를 외면하시는 분이 아니다.

여호수아는 너무 자신 만만했다. 자신의 지혜와 상식만으로 판단해도 될 만한 문제라고 생각하고 하나님께 엎드리지 않았다. 하나님의 지혜를 구하지 않았다. 그는 그렇게 하나님의 지혜를 받지 못한 채 리더십의 결단을 내렸고, 그 결단은 돌이킬 수 없는 후회를 남기게 된다. 하나님께 여쭤 보지도 않은 채 여호수아는 기브온 사람들과 화친 조약을 맺어 버렸다. 이것으로 여호수아는 그들의 정체를 파악할 수 있는 마지막 기회를 날려 버린 것이다.

약 7년 정도 걸린 가나안 전쟁에서 여호수아는 두 번의 실수를 범했는데, 하나는 아이 성의 패배이고, 또 하나는 위장한 기브온과 화친 조약을 맺은 것이다. 그런데 이 두 가지 실수의 공통점은 하나님께 묻지 않고 행동했다는 것이다. 여리고 성 전투의 승리의 기쁨에 취해 있던 여호수아는 여리고보다 훨씬 작은 아이 성을 얕보고는 하나님의 지도 없이도 충분히 이길 수 있다고 판단했었다. 기브온 사절단의 경우에는 외적인 증거만으로 판단하고 하나님께 물을 필요가 없다고 생각했다. 두 가지 경우 모두 자신들의 능력을 과신한 교만이 문제였다. 교만한 자는 하나님보다 자신의 지혜와 판단을 더 우선시하기 때문에 기도하지 않는다. 기도하지 않는 자는 결국 패배하고 만다. 인간적인 모든 준비가 아무리 완벽해도, 기도하지 않을 때 당신은 가장 무방비 상태로 적에게 노출되어 있음을 기억하라.

방심하지 말라 기브온 사람들의 거짓말이 드러나는 데는 3일도 걸리지 않았다. 고대 국가들 간의 관례에 따르면, 화친 조약을 맺은 당사자들은 서로 상대방의 나라를 친선 방문하여 조약의 구체적인 내용을 확정하게 되어 있었다. 이에 따라, 이스라엘도 기브온으로 친선 사절단을 보냈을 것이고, 먼 데 있는 줄 알았던 기브온이 이스라엘이 진 치고 있던 길갈에서 불과 40km 정도밖에 떨어지지 않은 곳에 위치한 사실은 금방 드러났을 것이다. 기브온의 속임수를 모두 알게 된 여호수아와 이스라엘 지도자들은 한순간 멍했을 것이다. 그토록 얕은 속임수에 너무도 쉽게 속아 버린 자신들의 실수에 기가 찰 뿐이었다.

사실 가만히 살펴보면, 사탄의 속임수도 그렇게 심오하고 까다롭지 않다. 화려해 보이는 마술도 막상 비밀을 알고 나면 시시하듯이, 사탄의 속임수도 알고 보면 왜 그런 쉬운 함정에 걸렸을까 싶을 정도로 간단하다. 우리는 문제가 어려워서 넘어지는 것이 아니다. 자신만만하여 방심하기에, 심리적으로 약해져 있기에, 하나님을 무시하고 쉽게 결정하기에 실패하는 것이다.

성경에는 기브온 족속에게 속았다는 사실이 드러난 순간, 이스라엘 백성 모두가 여호수아를 포함한 지도자들을 원망했다고 기록되어 있다. 지도자의 존경과 인기는 이처럼 하루아침에 뒤바뀔 수 있다. 하나님이 요단강을 가르고, 여리고를 무너뜨리며 높여 주셨던 여호수아의 리더십 권위가 단 한 순간의 방심으로 인해 흔들리기 시작한 것이다. 리더인 내가 하나님의 말을 안 들으면, 사람들도 내 말을 잘 안 듣는다. 그러므로 리더는 더욱 조심해서 하나님의 권위에 철저히 순종하고, 그분의 목소리를 듣고 행동함으로써 하나님께 받은 리더십의 권위를 지키도록 노력해야 한다.

자, 이미 벌어진 일. 여호수아는 이제 리더로서 이 사태를 수습해야 했다. 아무리 속아서 맺은 것이라 해도 약속은 약속이었다. 여호수아와 이스라엘의 지도자들은 하나님 앞에서 한 약속을 중히 여겨, 기브온 사람들의 목숨을 살려 줬다. 최선책은 아니라도 차선책을 택해서 상황을 수습했다. 우리 인생도 이처럼 최선은 아니더라도 차선책으로 상황을 수습해야 하는 때가 있다. 이때, 너무 오래 과거에 매여 있는 것도 바람직하지 않다. 과거의 실수의 자리를 박차고 일어나 의연히 앞으로 나가야 한다.

왜 하나님은 애초부터 기브온 같은 가나안 부족들과의 화친을 금하셨을까? 그것은 가나안 부족들이 퍼뜨릴 죄의 영향력 때문이었다. '근묵자흑'이란 말이 있듯이 아무리 깨끗한 사람이라도 더러운 사람 옆에 있으면 물들게 마련이다. 기브온 사람들이 비록 이스라엘 사람들의 종이 되기는 했지만, 세월이 흐르면서 그들의 타락한 도덕성과 우상숭배 행위가 이스라엘 백성에게 점점 번져 갔다. 그들은 후에 반란을 일으켜 이스라엘을 공격하기도 하고, 진압된 후에도 계속 반역 세력들과 규합하여 이스라엘의 역사에 큰 올무가 된다. 조상들의 한 순간의 잘못된 판단으로 인해, 후손들이 두고두고 아픔을 겪게 된 것이다.

어떤 이유에서든 죄의 허용과 타협은 반드시 그에 대한 대가를 치르게 된다. 오늘 혹시 자의든 타의든 당신이 얽히게 된 죄와의 위험한 동거는 없는지 살펴보라.

🏆 리더의 성공 관리

- 성공을 틈타는 실수의 함정을 늘 경계하라.
- 하나님의 눈으로 상황을 직시하고 해석하라.
- 최선책이 아니면 차선책이라도 택하라.

비전을 완성하는
리더십

" 최고의 열정은 하나님의 임재를 확신하는
리더의 가슴에서 폭발한다. "

열정적으로
현장에 뛰어들라

여호수아 10:7-14

최근에 미국 LA에서 모자이크(Mosaic) 교회를 담임하고 있는 어윈 맥매너스(Erwin McManus)라는 정말 멋있는 지도자를 만날 기회가 있었다. 40대 중반의 이 라틴계 목사는 미국 차세대 교회 지도자들 가운데 가장 주목 받고 있는 인물 중 한 사람이라고 할 만큼 특별한 인물이다. 그의 교회는 성도 수가 2천 명에 이르는데도 아직까지 건물이 없다. 네 대의 거대한 이삿짐 트럭에 교회의 모든 물품을 싣고, 주일이 되면 LA지역에서 빌려 쓰고 있는 네 곳의 건물들을 다니면서 예배를 드린다. 그 건물들에는 나이트클럽이 있는 곳도 있다. 강단에 섰을 때나, 개인적으로 만났을 때나 그는 결코 피곤함을 모르는 열정 넘치는 리더였다. 그는 하나님의 교회란 코뿔소 떼와 같아야 한다고 말한다. 코뿔소는 알다시피 몇 톤이 넘는 거대한 몸집에, 소름이 끼칠 정도의 큰 뿔을 가진 동물이다. 그런데도 일단 뛰기 시작하면 최고 속도가 시속 50km가 넘는다. 이것은 다람쥐보다 훨씬 빠른 속도라고 한다. 하지만 코뿔소는 근시여서 최대 시야가 10m에 불과하다. 그 엄청난 덩치들이 떼를 지어서 시속 50km의 속력으로 달리는데, 고작 10m 앞도 잘 못 본다고 생각해 보라. '앞에 가로막힌 장애물들은 어떡하지?' 코뿔소 떼는 그런 걱정은 하지 않는다. 장애물들이 오히려 코뿔소 떼를 비켜 갈 걱정을 해야 할 것이다.

요즘 들어, 불확실한 미래에 대한 걱정에 사로잡혀 아무것도 못하고 있는 사람들이 많다. 그러나 하나님의 사람들은 달라야 한다. 자신의 한계 밖에 있는 먼 미래에 대한 공포에 사로잡히지 않는다. 바로 눈앞에서 보여 주시는 하나님의 인도를 바라보며 코뿔소 떼처럼 거침없이 질주한다. 이 때, 하나님의 사람들을 막는 모든 악한 세력들은 자신들이 알아서 비켜야 할 것이다.

하나님의 리더는 때로 코뿔소를 닮아야 한다. 기다리고 인내해야 할 때는 잠잠히 있지만, 일단 행동을 해야 할 때가 되면 자신의 모든 것을 불사르는 열정을 가지고 주어진 사명에 뛰어든다. 대부분의 똑똑한 사람은 평소에는 놀며 쉬다가도, 집중하고 전력 투구해야 할 때는 언제 그랬냐는 듯한 놀라운 정열을 보인다. 결코 그 일이 쉽고 재미있어서만은 아니다. 금방 가시적인 결과를 얻을 수 있어서도 아니다. 매번 엄청난 장애물을 넘어야 하고, 태산을 하루하루 정복해 가는 것같이 더디고 힘든 길이다. 그러나 하나님의 리더는 분명한 비전과 소망을 품고 결코 포기하지 않는다.

여리고 성과 아이 성을 무너뜨리고, 강대한 기브온의 항복까지 받아 낸 여호수아와 이스라엘군은 이제 다시 전열을 가다듬고, 가나안 남부와 북부 왕들의 막강한 연합군과 7년에 걸친 대전쟁의 폭풍 속으로 들어간다. 결코 만만치 않은 적들을 하나하나 맞서 싸워 나가야 했던 여호수아의 모습에서 우리는 주어진 일터와 사명의 현장에서 리더가 어떠한 열정과 끈기로 뛰어야 하는지를 배울 수 있다.

하나님과 함께 뛰는 리더

목표를 정하고 열정을 다하라 가나안 땅 남부의 가장 거대한 성 가운데 하나였던 기브온이 이스라엘에게 항복했다는 소식은 그 지역의 다른 왕들에게는 청천 벽력과 같은 충격이었다. 이스라엘의 침공에 맞서 주력 부대가 되어야 할 기브온의 항복은 충격과 함께 큰 배신감을 안겨 주었다. 예루살렘 왕을 중심으로 한 남부의 다섯 왕들은 시급히 연합군을 결성하여 배신한 기브온 성을 향해 칼을 들고 몰려왔다. 배신자에게 징벌을 하기 위함이었지만, 기브온이 매우 중요한 전략적 요충지이기 때문이기도 했다.

아무리 강대한 성이었지만 기브온은 성난 다섯 나라의 군대가 총동원해 포위망을 압축하고 들어오는 기세에 다급하지 않을 수 없었다. 즉시 결사 방어 체제에 들어가면서, 다른 한편으로는 여호수아에게 사자를 보내 지원을 요청한다. 속임수에 넘어가 맺은 화친 조약 때문에 어쩔 수 없이 여호수아는 이 전쟁에 말려들어야 했지만, 이스라엘 입장에서도 어차피 치러야 할 가나안 정복 전쟁이었다. 여호수아는 즉시 전군을 소집하여 가나안의 다섯 나라 연합군과의 전쟁을 위해 출정 명령을 내렸다.

여호수아는 전군을 지휘하여 어두움이 덮여 있는 가운데 길갈에서 기브온까지 30~40km 정도 되는 거리를 빠르게 행군했다. 기브온은 해발 1,800m가 넘는 험한 산지에 위치해 있었기 때문에 결코 쉬운 행군은 아니었을 것이다. 밤새 행군한 이스라엘군은 피로에 지쳤고, 앞에는 막강한 연합군들이 기다리고 있었다. 그러나 여호수아는 전혀 망설이지 않았다. 아이 성 2차 전투 때도 그랬듯이, 여호수아는 항상 가만히 앉아서 게으르게 전투에 임한 적이 없다. 그는 최선을 다해 준비 태세를 갖췄으며, 치밀하고도 일사 분란하게 움직여 적의 허를 찌르는 기습을 감행했다. 여호수아는 어떤 상황에 처하든 결코 대충대충 하는 법이 없는 열정의 지도자임을 다시금 확인할 수 있다.

나폴레온 힐은 인간의 성공과 실패에 대해 깊은 연구를 한 권위자다. 그의 책 「성공의 법칙」은 전 세계의 위대한 리더들과 성공한 사람들 500백 명 이상을 깊이 연구한 결과를 담고 있는데, 이들 모두에게서 한 가지 공통점이 발견됐다.

> 내가 모든 것을 할 수 없다고 해서 내가 할 수 있는 것까지 거절하지는 않겠다.
> – 에드워드 에버렛

한 사람도 예외가 없이 자기가 꼭 이루기 원하는 목표를 갖고 있었고, 그 다음에는 그 목표를 향하여 무섭도록 놀라운 열정으로 앞으로 밀고 나갔다는 사실이다. 자신과 목표 사이에 끼어들어 방해하는 것은 그 무엇도 허용하지 않았다. 하나님의 지도자 여호수아가 바로 그런 사람이었다. 오늘날 많은 사람이 전문가를 선호하며 전문가가 되고 싶어한다. 여호수아처럼 이렇게 목표를 정하고 혼신의 힘을 쏟아 그 일에 열정을 다한다면 당신은 언젠가 전문가가 되어 있을 것이다.

하나님이 함께하심을 확신하라 주어진 일에 열심히 매진하는 리더에게 하나님은 침묵하시지 않는다. 하나님은 그의 길을 인도하신다. 행군하는 여호수아에게도 하나님의 음성이 들렸다. "두려워 말라 내가 그들을 네 손에 붙였으니 그들의 한 사람도 너를 당할 자 없으리라"(8절). 여기서 '붙였다'는 말은 '배달해서 네 품에 안겨 줬다'는 뜻이다. 이미 하나님이 승리를 보장해 줬으니, 너는 가서 건지기만 하면 된다는 것이다.

열정은 하나님이 함께하심을 느끼는 것이다. 자기가 좋아하는 일에는 누구나 열정을 가지기 쉽다. 그러나 누가 봐도 어렵고 힘든 상황, 과거의 실패로 냉소적이고 침체에 빠져 있는 상황에서도 과연 열정을 가질 수 있을까? 열정이라는 말을 헬라어로 풀면 "하나님이 그 상황 속에 함께 계신다(God In)"란 뜻이다. 불가능한 난관 앞에서도 하나님의 지도자는 그 상황 속에 계시는 하나님의 임재를 본다. 어렵지만 하나님이 함께 뛰어 주시면 충분히 해 볼 만한 게임이라고 생각한다.

그러므로 여호수아는 지금 무모한 열정을 가지고 모험을 하는 것이

열정적으로 현장에 뛰어들라

아니라 믿음대로 행하는 것뿐이다. 약속의 땅에 들어가기 전 긴장하고 있는 새 지도자 여호수아에게 하나님은 "두려워 말라"고 하시면서, "내가 너와 함께하겠다"라고 약속해 주셨다. 내가 약하면 작은 적도 무섭지만, 내가 강하면 큰 적도 무섭지 않은 법이다. 우리가 두려워하는 이유는 문제가 어려워서라기보다는 전능하신 하나님이 내 편이시라는 확신이 약하기 때문이다. 최고의 열정은 최고의 하나님의 임재를 확신하는 리더의 가슴에서 폭발한다.

하나님의 도우심을 갈망하라 "하늘은 스스로 돕는 자를 돕는다"는 속담이 있듯이, 하나님은 하나님의 뜻대로 최선을 다해 노력하는 리더에게 초자연적인 기적을 베풀어 주시며 도와주신다. 인간적으로 불가능할 것 같은 상황에 돌파구를 열어 주신다. 패주하는 가나안 남부 연합군을 추격하는 여호수아의 기도에 하나님은 응답해 주셨다. 하나님은 태양을 하루 가까이 멈추시는 초자연적인 기적을 베풀어 주셨다. 당시는 태양이 지구를 돈다는 과학 상식을 갖고 있었기에 그렇게 표현한 것일 뿐, 실은 지구의 자전 속도가 느려진 것이다.

많은 무신론자들은 이것이 신화적인 사건이지 사실이 아니라고 주장한다. 그러나 이것은 엄연한 사실이다. 미 우주항공국(NASA)에서 일하는 해롤드 힐(Harold Hill)이란 과학자가 하나님을 믿게 된 배경에는 기가 막힌 스토리가 있다. NASA의 슈퍼컴퓨터가 우주 천체의 시간으로 수백만 년의 지구 역사를 추적해 나가는데, 희한하게도 시간이 사라져 버린 적이 두 번 있는 것이 발견됐다. 한 번은 23시간 30분, 또 한 번은 40분 정도의 시간이 사라져 버린 것이다. 시간이 사라졌다는 것은 그만큼 지구가 자전을 감속했다는 얘기다. 도저히 여기에 대한 해답을 찾을 수가 없어서 모두들 고개만 갸우뚱거리며 미스터리로 남겨 놓았다고 한다. 그런데 해롤드 힐이 우연히 성경책을 읽다가 여호수아 10장 12-13절에서 그만 온몸이 얼어붙어 버렸다. 바로 지구가 하루 가까이 자전을 멈춘 사건이 기록되어 있었던 것이다. 그는 곧바로 여호수아의 남부 전쟁이 일어났던 연대를 찾아서 슈퍼컴퓨터가 잡아낸 사라진 시간의 타이밍과 맞춰 보았다. 그랬더니, 기가 막힐 정도로 거의 일치했다. 그 순간 무신론자였던 해롤드 힐은 바닥에 엎어지면서 고백했다고 한다. "나의 하나님, 당신은 정말 계셨군요!" 그때부터 그는 크리스천이 되었다고 한다.

내가 아무리 혼신을 다해 열심히 일해도, 어떤 때는 태양을 멈추는 초자연적인 능력의 도움이 필요할 때가 있다. 하나님의 지도자로서 순수하고 겸손한 영혼으로 맡겨진 일을 감당하기 위해서라면 여호수아처럼 비상한 기도를 해도 된다. 어떤 형태로든지 하나님의 도움이 그 순간에 당신과 함께할 것이다.

목표를 달성하기 위한 레이스

타이밍을 놓치지 말라 여호수아가 하나님께 태양을 멈추어 달라고까지 하면서 계속 적을 추격한 것은 전투에는 타이밍이 생명이기 때문이다. 아무리 한 번 승세를 잡았다고 해도 그것은 다음 도약을 위한 새로운 기회일 뿐, 이 때 방심하고 고삐를 늦추면 모든 것이 물거품으로 돌아갈 수도 있음을 알기 때문이다. 우리 인생에서도 타이밍을 놓치지 않는 열정이 중요하다.

타이밍의 중요성은 아무리 강조해도 지나치지 않는다. 어떤 때는 실패를 발판으로 승리를 얻기도 하지만, 대부분 하나의 승리가 발판이 되어야 그 다음의 더 큰 승리로 나갈 수 있기 때문이다. 아무리 승세를 잡았다 해도, 그 다음에 부진하면 모든 것이 물거품이 된다. 많은 사람들이 열광하는 야구라는 게임이 바로 그렇다. 무사 만루의 결정적 찬스를 잡고도 타자들이 흥분하거나 실수를 범해 그 좋은 기회를 무산시켜 버림으로써 승리를 상납하는 안타까운 상황이 종종 벌어진다. 안타를 쳐서 베이스에 나가도, 그 다음 타자들이 계속 출루에 실패한다면 결코 게임을 이길 수 없다.

이 원칙을 잘 아는 리더는 우선순위가 확실하다. 이곳 저곳 한눈팔지 않고 가장 중요한 목표에 집중한다. 최고 시속 110km를 주파하는, 지상에서 가장 빠른 동물로 알려진 아프리카 치타의 사냥하는 모습은 아주 특이하다. 수십 마리의 사슴 떼가 풀을 뜯고 있는 것을 발견하면, 그 중에 단 한 마리만을 목표물로 정한다. 치타가 사슴 떼 한가운데로 뛰어가면 사슴들이 혼비백산하여 사방으로 이리 뛰고 저리 뛰고 난리가 난다. 이때 치타는 목표로 정한 단 한 마리만을 끝까지 추격한다. 얼핏 보면 도망하지 못한 사슴들이 가까이에서 뛸 때 그들을 따라가면 더 쉽게 잡을 수 있을 듯도 한데, 옆의 것들은 쳐다보지도 않고 처음에 목표로 정한 그 사슴만을 끝까지 따라가서 잡는다. 리더에게는 저마다 정한 목표가 있다. 아무것도 안하고 목표에 이르기만을 기다리는 것은 이미 포기한 리더십이다. 가장 중요한 목표에 집중하면서 타이밍을 놓치지 않으려면, 리더로서 깨어 있는 열정이 필요하다.

집중한 것은 끝까지 해내라 또한 리더에게는 철저하고 끈질긴 집중력과 분명한 우선순위가 필요하다. 패주하는 적을 추격하는 상황에서 다섯 왕들이 동굴로 숨어들었다. 웬만한 리더 같으면 자신의 전공을 과시하기 위해서라도 다섯 왕들만 추격했을 텐데, 여호수아는 일단 그 동굴을 돌로 막아 놓고 계속 적군을 추격한다. 일단 적을 완전히 섬멸하는 것이 당시에는 최우선적인 일이었기 때문이다.

이런 맥락에서 볼 때 열정은 확실한 끝맺음이다. 도주하는 적군을 태양까지 멈추게 하면서 섬멸한 여호수아는 그들의 본거지인 성읍들까지 확실하게 파괴시킨다. 가나안 민족들은 워낙 호전적이고 잔인해서, 사정을 봐 주면 훗날에 반드시 보복하기 때문이다. 시작은 화려한데 끝맺음이 확실치 않은 경우가 많이 있다. 항상 어설픈 끝맺음 때문에 후에 낭패를 본다. 그래서 나는 "끝내 준다"는 말을 좋아한다. 리더십은 일이 잘 되든 못 되든 자기가 시작한 일을 끝까지 책임을 지고 마무리하는 것이다. "지휘관은 전쟁이 완전히 끝나기 전까지 전쟁터를 떠나서는 안 된다"는 말이 있다. 시작만 해 놓고, 혹은 벌려만 놓고 마무리 짓지 못한 관계들과 일들을 당장 오늘부터라도 하나씩 확실히 매듭 짓도록 하라.

더 큰 능력을 구하라 여호수아가 이끄는 이스라엘군이 가나안 남부 지역을 점령했다는 소식은 북부 지역의 왕들에게도 이미 쫙 퍼져 있었다. 바짝 긴장한 이들은 북부 지방의 가장 강대한 성 하솔 왕 야빈을 중심으로 동맹을 맺어 연합 전선을 구축했다. 여호수아 11장은 하솔 왕 야빈을 중심으로 맺어진 북부 동맹 나라들의 이름을 일일이 열거하면서, 그 세력이 얼마나 엄청난지를 설명하고 있다. 그 수나 군사력에서 북부 동맹은 남부 동맹보다 훨씬 더 위협적이었다. 그 수부터 해변의 모래알처럼 많을 정도였다고 하니, 얼마나 엄청난 규모의 대군이었는지 짐작된다. 학자들은 이들이 적어도 30만 명의 보병과 1만 명의 기병대, 그리고 2만 대의 전차를 보유하고 있었을 것이라고 추정한다. 특히 가나안 남부 전투에서는 전혀 언급되지 않았던 말과 병거가 등장한다. 고대 전쟁에서는 최첨단 중무장 화기라고 할 수 있는 말과 병거를 북부 동맹군은 엄청나게 많이 보유하고 있었다. 그러나 군사의 수도 적고, 말과 병거도 전혀 없는 이스라엘은 객관적 전력에서 절대 열세였다.

여호수아도 이러한 북부 동맹의 막강한 전력에 대해 어느 정도 파악했을 것이므로 상당한 부담을 안고 있었을 것이다. 여리고 성, 아이 성, 남부 동맹을 차례로 제압해 왔지만 갈수록 상황은 어려워져만 갔다. 대적해야 할 적들은 갈수록 더 힘든 상대들뿐이었다. 이것이 리더의 길이다. 나아가면 나아갈수록 결코 쉬워지지 않는다. 한 고개를 넘으면 더 높은 고개가 기다리고 있다. 강한 상대를 꺾느라고 지치고 모든 힘이 빠졌는데, 곧이어 더 강한 상대가 앞을 가로막고 있으니 고통스럽지 않을 수 없다. 인생은 그런 것이다. 그러나 힘을 내라. 상대가 강해질수록 하나님이 내게 주시는 능력도 더 커짐을 믿어라.

리더여, 사자의 심장을 가져라

넘어야 할 성공의 고비

안일함에서 벗어나라 가나안 북부 동맹군들은 메롬 물가에 진을 쳤다. 그곳은 평원 지대로서 그들의 주무기인 말과 병기를 쓰기에는 적합했지만, 주변 지역은 많은 산과 늪들로 이루어져 있었다. 가나안 군사들은 그러한 지형을 이용하려고 했을 것이다. 거기서 부대를 편성하고 전략을 짠 후, 요단 골짜기로 내려와 길갈에 있는 여호수아의 군대를 공격할 작정이었다. 그들은 지형만 의지하며 안일한 대처를 하고 있었던 것이다. 그러나 그들이 유리하다고 판단한 상황이 오히려 자신들을 곤경에 빠뜨려 패망하게 되는 결과를 가져오게 된다.

하나님의 지혜로 무장한 명장 여호수아는 가만히 앉아서 그들이 올 때까지 기다리지 않았다. 사실 그는 이미 길갈에서 닷새 길 되는 메롬으로 이미 행군중이었다. 항상 그랬듯이 여호수아는 일단 하나님의 뜻이라고 판단되면, 어떤 무서운 적과의 전투도 망설이거나 가만히 기다리지 않았다. 전력의 우위를 자신하고 자만에 빠져 있는 적군이 '설마' 하고 있을 때 오히려 전광석화같이 기습하곤 했는데, 메롬에서도 마찬가지였다. 가나안 북부 연합군은 뜻하지 않게 너무나 빨리 나타난 이스라엘군의 기습을 받고 지리 멸렬했다. 아무리 강한 적이라 해도, 하나님의 도우심을 받을 뿐 아니라 자신이 할 수 있는 최선을 다하는 군대 앞에서는 반드시 무너지게 되어 있다.

> 당신의 성공에 있어서 가장 큰 장애물은 아마도 당신 자신일 것이다. ─앤나

같은 실수를 반복하지 말라 북부 동맹의 사령부 역할을 했던 하솔 성은 갈릴리 호수에서 북쪽으로 약 14km 가량 떨어진 성읍으로, '모든 나라의 머리'로 불릴 만큼 거대한 왕국이었다. 고고학자들의 발굴 기록에 의하면 이 성의 크기는 대략 2백 에이커 정도로, 여리고 성의 25배나 되는 큰 성이었다고 한다. 또한 지리적으로도 매우 전략적인 요충지였다. 이 곳은 당시 애굽에서 시리아로, 그리고 앗수르와 바벨론으로 가는 고대 제국들 간의 교통의 중심지였기 때문이다. 이런 좋은 조건을 갖춘 하솔은 부강한 나라가 될 수 있었다. 가나안 북부 전쟁 때 다른 성들은 후에 이스라엘 백성들이 살도록 놔 두었지만, 하솔 성은 철저히 파괴당하고 불살라졌다. 하솔의 철저한 파괴는 전 가나안 백성들에게 주는 상징적인 메시지이기도 했다. 하솔처럼 막강한 성이 멸망을 피할 수 없었다면, 그 누구도 이스라엘군에 대적할 수 없다는 사실을 인식해야 했다.

하나님은 승리한 이스라엘군에게 가나안 연합군의 가공할 무기였던 병거를 불사르고, 말의 힘줄을 끊는 극적인 벌을 내리게 하셨다. 왜 그런 무서운 명령을 내리셨을까? 한 가지 이유는 가나안 족속들이 말들을 우상숭배에 사용했기 때문이며, 또 다른 이유는 이스라엘이 하나님이 아니라 가나안의 새로운 전쟁 무기들을 의지할 가능성을 예방하시고자 함이었다. 인류 역사의 비극은 대부분 잘못된 과거를 반복하는데서 출발한다. 한 나라가 무너지고 새로운 나라가 탄생한다 해도 과거의 실수를 반복한다면 결국 그 왕조 또한 멸망하고 만다. 오늘날 정권이 바뀌고 일꾼이 바뀌어도 새 역사는 창조되지 않고 오히려 "그 사람이 그 사람이다"란 말이 자주 나오는 것도 이런 이유 때문이다.

기름진 가나안 땅은 수많은 전쟁을 통해 주인이 수없이 바뀌었지만 여전히 악하고 음란했다. 하나님은 이스라엘이 그런 악순환을 반복하는, '무늬만 새 주인'이 되지 않기를 원하셨다. 오직 하나님만 의지하고 살기를 원하셨다. 그래서 가나안이 그토록 자랑하던 말과 병거 등 그들이 지닌 첨단 무기들을 모두 파괴시켜 버린 것이다.

당신이 권력을 잡고, 부자가 되고, 학위를 따고, 높은 자리에 앉는 것 자체에 문제가 있는 것은 아니다. 죄로 오염된 전임자의 전철을 밟는 것이 문제다. 그러므로 무엇이 되느냐보다 어떤 사람이 되느냐를 늘 깊이 성찰하는 것이 중요하다. 자리보다 중요한 것은 능력이며, 능력보다 중요한 것은 인격이다. 바른 인격을 만드는 것은 하나님의 말씀에 순종하는 자세다. 혹시 앞선 세대가 세상의 힘이나 배경, 돈, 연줄, 술수를 의지했다 하더라도, 당신은 절대 그들의 전철을 밟는 어리석음을 범하지 말고 오직 하나님만 의지하는 지혜로운 리더가 되라.

피로스의 승리를 각오하라 여호수아 12장에는 여호수아가 굴복시킨 가나안 땅 왕들의 이름이 열거되고 있다. 남부 지역에서 12명의 왕들을 무릎 꿇렸고, 북부 지역에서 15명의 왕들을 꺾었다. 남북으로 약 150마일, 동서로 약 50마일밖에 안 되는 그 땅덩어리에 31명의 왕들이 있었다는 것이 놀랍다. 여호수아와 이스라엘 군대는 가나안 땅의 남쪽에서 북쪽까지, 동쪽에서 서쪽까지, 이 끝에서 저 끝까지 오가면서 전쟁을 치렀다. 게다가 점령한 성들의 상당 부분이 험한 산지나 골짜기를 이용한 요새였음을 감안할 때, 한 성 한 성 점령하는 전투가 결코 쉽지 않았음을 짐작할 수 있다. 11장 18절에 보면 여호수아가 이 정복 전쟁을 승리로 장식하는 데는 상당한 시간이 걸렸음을 알 수 있다. 학자들의 추측으로는 대략 7년 정도의 시간이 소요되었을 것이라고 한다. 승리는 쉽게, 빨리 오지 않았다.

정상에 선 훌륭한 지도자라고 해서 화려한 주단을 깔고 휘파람 부르며 쉽게 그곳까지 이른 것이 아니다. 저마다 뼈를 깎고 살을 에는 듯한 대가를 치러야만 했을 것이다. 고대에 최고의 명장으로 꼽는 사람 가운데 에페이로스의 왕 피로스(Pyrrhus)가 있다. 그는 신생 제국 로마와의 두 번의 대전투에서 승리했다. 그러나 양측의 사망자가 1만 명을 넘었고, 그 과정에서 피로스의 귀한 부하 장교와 병사들이 수없이 희생되었다. 그래도 승리에 취해 환호하는 부하들에게 피로스는 심드렁하게 이렇게 말했다고 한다. "이기는 것도 좋지만 이런 승리를 다시 거두었다가는 우리도 망한다." 그 후부터 막대한 희생을 치르고 얻는 승리를 가리켜 그의 이름을 따서 '피로스의 승리(Pyrrhic Victory)'라고 불렀다.

정상에 오른 리더들에게 가서 물어보라. 모두 '피로스의 승리'의 의미를 절감하며 살아온 사람들이다. 그러나 그런 대가를 치를 각오 없이 어떻게 탁월한 리더가 되겠는가? 어떤 일도 쉬운 일은 없다. 아직 떠오르지 않은 태양을 기대하며 인고의 세월을 열심히 헤쳐 나가라.

∽∽•∽∽

요즘 우리 나라의 정·재계 지도자들 대부분은 모두 무늬만 지도자인 것 같다. 다들 핏대를 세우고 큰소리로 싸울 뿐, 올바른 목표를 세우고 그것을 향하여 불 같은 열정으로 뛰어드는 사람들이 별로 안 보인다. 제각기 권력과 부와 출세욕과 자기 안전을 챙기느라, 정작 중요한 것이 무엇인지는 관심조차 없기 때문이다. 그들의 마음에 하나님의 비전이 없고, 그들의 영혼에 하나님의 임재하심이 없기 때문이다. 그러니 사방에 열정이 빠지고 단지 탐욕에만 이글거리는 눈들뿐이다.

이러한 때에 하나님은 여호수아처럼 하나님의 꿈을 이룰 열정에 사로잡힌 사람들을 찾으신다. 분명한 하나님의 목표를 받아 그것에 생명을 걸고 열정적으로 매진할 사람, 그 과정이 아무리 힘들고 길어도 결코 쉽게 포기하지 않고 끝까지 그 비전을 완수할 열정의 리더, 세상은 바로 그런 사람을 필요로 한다.

Bookmark for Leaders

🐝 리더의 열정

- 상황 속에 계신 하나님과 함께 뛰라.
- 타이밍을 놓치지 말라.
- 목표에 집중하여 끝까지 해내라.
- 피로스의 승리를 각오하라.

"리더로서 진정한 성공은 차세대 리더를
탁월하게 길러 낼 때에 비로소 이루어진다."

사람을
키우라

여호수아 13:1; 14:2-6

오늘날 지상 최고의 권력자를 꼽으라면 아마 많은 사람들이 미국의 대통령을 꼽을 것이다. 세계 최고의 경제력과 군사력을 가진 미국의 대통령 정도 되면 무소불위의 권력자로 통하는 것이 당연하며, 리더라면 모두 그 자리를 부러워할 것이다. 그런데 미국의 한 전임 대통령은 자신의 대통령 시절을 돌아보며 이런 말을 남겼다. "처음 대통령에 취임했을 때, 나는 미국의 대통령이란 뭐든지 할 수 있는 자리라고 생각했다. 그런데 막상 대통령이 되고 나서 절감하게 된 것은 나의 입지가 너무도 좁다는 것이었다. 내가 생각했던 것보다 내 힘은 훨씬 적었고, 훨씬 많은 견제를 받고 있었다. 대통령이 됨으로써 막강해진 권한보다 대통령이 됨으로써 오는 한계가 더 절실히 느껴졌다." 사람에게는 누구나 한계가 있다. 아무리 최고 권력자이며 탁월한 리더라 할지라도 말이다. 그것을 깨닫고 다음 세대 리더를 준비하는 리더가 진정 훌륭한 리더다.

리더십 위임 준비

자신의 한계를 인정하라 리더십에 있어서 중요한 것 가운데 하나는 자신의 한계를 아는 것이다. 인간은 조금만 힘을 가지면 금세 자신을 무슨 일이든 할 수 있는 무적의 존재로 착각한다. 그 자리에서 영원히 영향력을 행사할 것처럼 여긴다. 그러나 아무리 위대한 인간에게도 한계는 있다. 우선 건강의 한계가 있고, 능력의 한계가 있다. 그리고 무엇보다도 세월의 한계가 있다. 도무지 불가능할 것만 같았던 가나안 정복 전쟁을 승리로 이끈 위대한 지도자 여호수아에게도 바로 그 한계의 시간이 왔다. 한계에 이르렀다는 사실을 다른 이가 아닌 하나님이 직접 여호수아에게 상기시켜 주셨다. "너는 나이 많아 늙었고 얻을 땅의 남은 것은 매우 많도다"(13:1). 당시 여호수아의 나이는 적어도 100세 가까이 되었을 것으로 짐작된다. 여호수아가 실제로 세상을 떠난 나이는 110세로 기록되어 있다.

밑으로 모래가 다 흘러 버린 모래시계처럼 여호수아의 때도 다 되어 간다는 것이다. 그러므로 여호수아는 이제 자신이 없는 이스라엘 민족의 앞날을 예비해야 한다는 것이다. 그것은 누구에게나 반드시 찾아오게 되어 있는 순간이지만, 그 말을 다른 사람도 아닌 하나님에게서 직접 듣는 여호수아의 심정은 상당히 착잡했을 것이다. 알고 있는 것과 실제로 당하는 것은 천지차이다. 내려와야 할 때 내려오는 일은 어쩌면 올라가야 할 때 올라가는 것보다 몇 배 더 어려운 것일지도 모른다. 돈이든 권력이든, 내려 놓는 것은 취하는 것보다 훨씬 더 어려운 결정이다.

자신의 때가 다 되어 감을 알게 된 여호수아는 이제 자신에게 남은 가장 중요한 과제, 곧 하나님이 그에게 원하시는 마지막 과제가 무엇인지 알고 있었다. 그것은 자신과 이스라엘 민족 전체가 목숨을 걸고 7년 동안 싸워 얻은 가나안 땅을 12지파에게 골고루 분배하는 일이었다. 그것은 수많은 전쟁과 세월을 통해 영적 권위를 인정 받은 여호수아만이 지휘할 수 있는 일이었다. 여호수아 외에도 이스라엘의 모든 최고 지도자들이 함께 땅 분배 결정에 참여했다. 여호수아 14장을 보면 정치, 군사, 행정 책임자로서 여호수아와 종교 책임자 대제사장 엘르아살, 그리고 각 지파 족장들이 참여한 것을 알 수 있다. 최고 지도자들이 예외 없이 함께 모여 결정을 했다는 것은 그만큼 철저한 공정성을 기하기 위함이었으며, 함께 책임을 지고 한 공동체로서 분열을 막기 위함이었다. 무슨 일을 할 때 최고 지도자들이 하나님 앞에 함께 모여 기도하고, 한마음으로 구심점을 이루는 일은 정말 중요하다.

다음 세대를 위해 숙제를 남겨 두라 이스라엘은 7년간의 치열한 정복 전쟁을 통해서 전체적으로는 가나안 땅에 대한 주도권을 장악했다. 그러나 하나님은 아직 정복해야 할 땅이 많이 남아 있음을 여호수아에게 상기시켜 주시며, 앞으로 얻을 땅까지 포함해서 각 지파들에게 가나안의 땅을 분배하라고 지시하셨다. 하나님은 왜 여호수아 시대에 모든 땅을 취하도록 허락하지 않고, 많은 영역을 다음 세대에게 숙제로 남겨 놓게 하셨을까? 그 이유로 두 가지를 생각해 볼 수 있다.

첫째, 이스라엘의 실제적 유익을 위해서다. 한꺼번에 많은 땅을 차지하면 땅이 황폐화되어 이스라엘이 정착하여 생활하는 데 어려움을 겪게 된다. 그래서 정복되지 않은 남은 땅은 이스라엘이 정착하여 번성해 감에 따라 차츰 넓혀 가는 것이 바람직했다. 광활한 미국 대륙도 개척하는 데 150년 넘게 걸렸다. 인구가 차츰 늘어 가고, 나라가 안정이 되면서 미국인들은 조금씩 서부 개척을 단행했고, 개척한 땅들을 일궈 나갔던 것이다.

둘째, 이스라엘의 영적 유익을 위해서다. 한꺼번에 가나안의 모든 땅이 다 주어졌다면, 그들은 이제 다 이루었다고 생각하여 목표 의식을 상실하고 나태해질 우려가 있었다. 따라서 남아 있는 땅, 그것도 여전히 만만찮은 적들이 버티고 있는 그 땅은 이스라엘로 하여금 앞으로도 계속 영적으로 깨어 있게 하며, 믿음의 삶에 도전을 주게 될 것이었다. 하나님은 항상 우리가 편안하게 안주하는 것보다 영적으로 건강하고 탄탄하게 서 있기를 원하신다. 그러기 위해서는 어느 정도의 어려움과 도전이 우리에게 늘 필요함을 아시고, 조금 고통스러워도 우리의 삶 가운데 장애물과 어려움을 허락하시는 것이다. 원하는 것을 지금 모두 받는 것만이 은혜가 아니다. 다 주어지지 않고 남겨져 있는 것도 은혜임을 알아야 한다.

고기 잡는 법을 가르치라 하나님이 여호수아에게 분배하라고 명하신 땅의 상당 부분은 아직 이스라엘이 정복하지 못한 땅이었다. 아직 정복하지도 않은 땅까지 기업으로 미리 분배하게 했다는 것은 상당히 깊은 뜻이 담겨 있다. 그것은 곧 그 땅마저 주시겠다는 하나님의 약속을 의심하지 말라는 믿음의 요구였다. 하나님은 기름진 그 땅을 온갖 더럽고 음란하고 폭력적인 삶으로 더럽히고 있는 이방 민족을 하나님이 쫓아내 주시겠다는 약속을 계속 강조하신다. 여호수아는 그 약속을 믿고, 아직 정복되지 않은 땅까지 모두 분배했다. 그 땅을 받는 지파들도 그 약속을 믿고 나가야 했다. 우리에게는 순수한 마음으로 하나님께 기도할 때, 구하는 것은 이미 받은 줄로 여기는 믿음이 있어야 한다.

하지만 하나님이 승리를 보장해 주셨다고 해서, 이스라엘이 가만히 앉아서 그 땅을 거저 차지하는 것은 아니었다. 아무리 부모가 밥을 잘 차려 줘도 자식이 손을 움직여 먹어야 하듯이, 이스라엘 민족은 하나님이 허락하신 땅이지만 직접 믿음을 가지고 담대하게 걸어 들어가서 그 험한 땅을 스스로 개척해야 했다. 여호수아는 다음 세대에게 그냥 떡을 준 것이 아니라 스스로 노력하여 떡을 빚어서 먹게 했다. 그들에게 비전을 보여 주고, 일터를 준 것이다. 무턱대고 상을 안겨 준 것이 아니라, 자신의 재능을

> 가장 위대한 리더는 사람들을 훈련하고 개발시켜 그들이 자신보다 뛰어날 수 있게 되기를 바란다. — 프레드 맨스크

펼칠 수 있는 무대를 준 것이다. 분명한 비전 아래 그들로 하여금 땀을 흘려 비전의 열매를 먹게 했다. 오늘날 지혜로운 부자들이 '유산 안 물려주기 운동'을 펼치는 일은 칭찬 받을 만하다. 자신의 힘으로 무언가를 일궈 낼 수 없는 사람에게 주어지는 재산은 오히려 그를 망치는 독이 될 뿐이다. 우리는 다음 세대에게 고기를 잡아 줄 것인가, 아니면 고기 잡는 법을 가르쳐 줄 것인가를 냉정히 선택해야 한다.

공동체를 세우는 분배 원칙

능력에 맞게 분배하라 땅을 분배할 때 인원을 고려하라는 것은, 여호수아의 전임자였던 모세를 통해 이미 주어져 있던 지침이었다. 민수기 26장 53−54절에는 "명수대로 땅을 나눠 주어 기업을 삼게 하라 수가 많은 자에게는 기업을 많이 줄 것이요 수가 적은 자에게는 기업을 적게 줄 것이니"라고 기록되어 있다. 즉 각 지파의 인구 분포에 따라서 할당할 땅의 면적을 고려하라는 것이다. 그래서 가장 인구가 많은 유다 지파는 가장 넓은 영토를 분배 받았다. 하지만 이것을 단순히 많은 특권을 누리게 된 것으로만 해석해서는 안 된다. 땅이 넓다는 것은 그만큼 가꾸는 데 땀을 많이 흘려야 한다는 뜻이며, 그만큼 적으로부터 지켜야 할 공간이 많아진다는 뜻이기도 하기 때문이다.

오늘날 얼마나 많은 사람들이 높은 자리, 많은 재산을 탐하고 있는가? 모두 특권에만 관심이 집중되어서 그렇다. 하지만 특권을 누리는 만큼 동시에 엄청난 책임이 따른다는 것을 간과하지 말아야 한다. 중요한 자리에 앉아 있다면 그만큼 감당해야 할 임무가 막중한 것이다. 훗날, 이스라엘은 실제로 땅을 많이 얻은 자에게는 세금을 많이 요구했고, 적게 가진 자에게는 세금을 조금 요구했다. 오늘날 서구의 사회 보장 제도도 알고 보면 성경에서 나온 것이다.

책임감을 영어로 'responsibility'라고 하는데, 이것은 즉 'ability to respond,' 직역하면 '대답할 수 있는 능력'이다. 국가와 민족과 하나님 앞에 그 공동체를 대표해서 분명하게 설명하고, 대답하며, 책임 질 수 있는가 하는 것이다. 인구 수대로 땅을 배분했다는 것은 하나님이 주신 능력만큼 일을 맡기신다는 뜻이다. 당신에게 70만큼의 능력을 주셨는데 100을 요구하실 리가 만무하다. 그러나 당신에게 100만큼의 능력을 주셨는데 70밖에 못한다면 그것은 당신의 직무 유기다. 훗날, 넓은 땅을 분배 받고도 그 땅을 제대로 가꾸고 지키지 못한 이스라엘 열두 지파들은 모두 처참하게 그 땅에서 쫓겨나고 만다.

땅 분배 과정에서 또 한 가지 주목할 것은, 유다 지파가 받은 거대한 땅 중에서 일부를 떼어 가장 숫자가 적은 시므온 지파에게 주게 했다는 사실이다. 가장 많이 받은 자가 가장 적게 받은 자에게 나눠 주게 한 것이다. 시므온 지파는 광야 시절, 하나님에게 반역하고 죄를 많이 지어서 그 수가 형편없이 줄어든 부족이다. 그럼에도 불구하고, 하나님은 가장 큰 세력인 유다 지파로 하여금 그들에게 땅을 나눠 주고 함께 살게 했다. 이처럼 유다 지파의 땅을 시므온 지파에게 나눠 주고 함께 살도록 한 것에서, 큰 자가 작은 자를 돌봐 주라는 하나님의 뜻을 짐작할 수 있다. 많이 받은 자는 적게 받은 자를 무시하지 말고, 오히려 따뜻하게 품어 주고 도와주며 함께 살아가야 할 의무가 있는 것이다.

하나님은 각 지파의 인구에 따라 배당 받을 땅의 크기를 정하되, 구체적으로 어느 곳을 배분 받을 것인가에 관해서는 제비 뽑기를 통하여 확정하라고 하셨다. 이것은 각 지파들에게 땅을 나눠 주시는 분은 바로 하나님이시라는 사실을 강조하기 위함이었다. 또한 땅의 넓이뿐 아니라 땅의 질, 즉 비옥하거나 척박함으로 인한 시기와 분쟁, 불만의 요소를 미

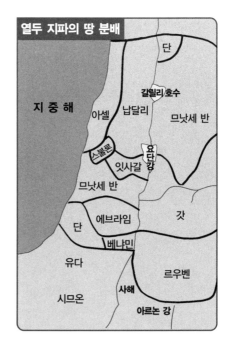

리 없애기 위함이었다. 여호수아는 하나님이 명하신 대로 땅을 분배했다. "여호와께서 모세에게 명하신 대로 그들의 기업을 제비 뽑아 아홉 지파와 반 지파에게 주었으니"(14:2). 하나님의 지도자는 결정하는 사람이 아니라, 하나님의 결정을 기다리고 그 결정에 따라 사람들이 실행하도록 돕는 사람이다.

개성과 재능에 맞게 분배하라 우리 나라도 각 지방에 따라서 장군이 많이 나오는 무인들의 고장이 있고, 선비들이 많이 나오는 문인들의 고장이 있다. 그런가 하면 미인이 많은 고장, 어업이 중심인 고장, 상업이 중심인 고장도 있다. 각 지방과 주민들 모두 각자의 특성이 있

다. 선물도 받을 사람을 배려하여 그에게 맞는 것을 주어야 제격이다. 예를 들어서 그림을 못 그리거나 그리기를 싫어하는 사람에게 미술 도구 선물이 무슨 소용이며, 악기를 못 다루는 사람에게 바이올린 선물이 무슨 소용인가?

하나님이 열두 지파에게 땅을 분배할 때도 각 지파의 특성을 아주 치밀하게 고려하신 것을 알 수 있다. 예를 들면, 평화롭고 온순한 잇사갈 지파는 갈릴리 호수 남단의 비옥한 이스르엘 평지를 기업으로 받았다. 이 지역은 강과 평야로 구성된 아주 기름진 농지로서, 잇사갈 지파는 여기서 아주 풍부한 농산물을 생산해 낼 수 있었다. 잇사갈처럼 평화롭고 온순하며 성실한 일꾼들인 아셀과 납달리 지파도 각각 좋은 농지를 기업으로 받았다.

스불론은 상업과 무역에 종사할 수 있는 재능과 환경을 부여 받았다. 그들에게 할당된 기업은 서쪽으로는 지중해, 동쪽으로는 갈릴리 호수에 인접해 있어서 더 멀리 바다와 호수로 진출해 무역과 상업에 종사할 수 있었다. 훗날 스불론은 실제로 바다와 호수로 나가서 어업과 해상 무역에 종사했고, 연안의 해산물을 취했으며, 조개에서 뽑은 염료를 사용한 염색업과 바다의 모래로 만드는 유리 산업 등으로 큰 부를 일궈 냈다. 하나님은 상술에 능한 스불론 사람들을 잘 아시고, 그들을 위해 이런 땅을 예비해 주신 것이다.

가장 강한 전사들이 많은 단 지파는 가나안 남서부의 지중해 연안 지역을 기업으로 배정 받았다. 그곳은 서쪽으로는 지중해가 경계를 이루었고, 남쪽으로는 블레셋 사람들의 땅과 맞닿아 있었다. 철기 문화를 가진 강력한 블레셋 족속과 아모리 족속들과 국경을 마주하고 있어, 적대적인 이방 세력들과의 충돌이 불가피했다. 용맹한 단 족속이 아니면 감당할 수 없는 곳이었다. 그런데 유다 지파에 이어 두 번째로 많은 인구에도 불구하고 단 지파가 받은 땅의 규모는 매우 작았다. 분명히 인구 비율로 땅이 분배되었는데, 단 지파만은 예외였다. 그것은 단에게 주어진 개척의 사명 때문이었다. 더 이상 좁은 땅에서 살기 어려워진 단 지파는 가나안 땅의 맨 북쪽에 위치하고 있던 레센까지 올라가서 그곳을 정복하여 자신들의 땅으로 삼았다. 기업을 스스로 개척하여 확장시킨 것이다.

단 지파의 자손들이 아직 다른 지파들의 손길이 미치지 않는 미개척지를 과감히 찾아 나선 것은 실로 높이 평가할 만하다. 하나님이 당신의 능력에 비해 의외로 작은 땅을 주셨다고 생각되는가? 지금 그 이면의 깊은 의미를 묵상해 보라. 당신이 얼마나 큰 자리, 혹은 작은 자리에 있는가는 중요치 않다. 그것은 단지 사람들이 보는 기준일 뿐이다. 문제는 당신이 지금 선 그 자리에서 어떤 모습을 보이는가 하는 것이다. 한국 교계에 큰 영향을 미친 대천덕 신부를 아는가? 그는 대도시의 큰 교회도 충분히 목회할 수 있는 영성과 리더십의 소유자였다. 그러나 그는 강원도 한 작은 마을에 '예수원'이라는 공동체를 세우고 평생 성자처럼 살았다. 그렇게 뛰어난 영적인 지도자가 그토록 작고 보잘것없는 곳에서 겸손히 살았던 것이다. 그런 그의 삶에서 우러나온 글과 메시지는 수많은 사람들에게 깊은 감동을 주고 있다.

우리 한 사람 한 사람을 위한 하나님의 축복은 똑같지는 않지만 공평하시다. 내게 주신 재능과 성격, 나의 사정을 가장 잘 아시는 하나님이 거기에 맞는 축복의 터를 주시기 때문이다. 그러므로 우리는 괜히

남을 질투하고, 자기에게 주어진 것에 불만족해서 투덜댈 필요가 없다. 하나님은 너무나 크신 분이지만, 동시에 무척 섬세하고 자상하신 분이다. 여호수아 13-14장을 보면, 열두 지파의 상황과 분배될 가나안 땅 구석구석의 특색을 하나님이 하나하나 철저히 파악하고 계신 것을 알 수 있다. 정말 "너희에게는 머리털까지 다 세신 바 되었나니"(마 10:30)라는 말씀이 맞다. 하나님이 당신에게 관심이 없다고 추호도 생각지 말라. 하나님은 당신 자신이 스스로를 챙기는 것보다 더 섬세하고 자상하게 당신의 미래를 챙기고 계신다.

마지막까지 모범이 되는 리더십

서로 배려하라 여호수아 13장에서 19장에 이르는 땅 분배의 명령을 잘 살펴보면, 이스라엘 민족 전체의 통일성이 꾸준히 강조되고 있음을 알 수 있다. 여호수아는 각자의 특성에 따라 최적지의 땅을 분배하지만, 모두가 끊임없이 서로의 영역을 배려하고 존중할 것을 당부하고 있다. 자기만 생각하지 말고, 열두 지파 전체를 생각하도록 가르치는 것이다. 정복할 힘이 있어도 다른 지파에게 이미 배분된 땅은 피해서 다른 곳에 개척하라는 명령이 여러 번 나온다. 같은 민족끼리 과잉 경쟁을 하지 말라는 것이다.

배려하지 않고 서로 경쟁에 치우치면 서로를 무너뜨리게 된다. 이것은 특히 경쟁에 치열한 우리 민족에게 시사하는 바가 크다. 예를 들어 보자. 누가 설렁탕 집을 열어 성공했을 때, 우리 나라 사람들은 다른 업종이 아닌 바로 설렁탕 집을 그 옆에 줄줄이 세운다. 그 결과는 어떻게 되겠는가? 해외에서도 한국 생산업체들끼리 이렇게 같은 품목에서 덤핑 경쟁이 붙어 나중에는 순전히 그곳 사람들에게만 좋은 일 시키고 정작 본인들은 모두 망하는 경우를 종종 찾아볼 수 있다. 이런 비생산적인 과잉 경쟁, 다른 이들을 배려하지 않는 경쟁이 민족 전체를 망치기 쉽다. 당신에게 주어진 재능, 당신에게 주어진 땅이 소중한 만큼 이웃에게 주어진 재능, 그들에게 주어진 땅도 귀한 줄 알고 서로를 지켜 줘야 한다. 그럴 때 전 민족이 함께 잘살 수 있다.

영적 리더십을 존중하라 여기에서 또 한 가지 주목할 것은, 하나님이 예배와 제사를 담당하는 레위 지파에게는 특정한 땅을 기업으로 분배해 주시지 않고, 그냥 전 지역에 흩어져 살게 하셨다는 사실이다 (14:3-4). 여기에는 영적인 리더는 경제적인 문제 때문에 고통 받거나 신경 써서는 안 된다는 의미가 포함되어 있다. 하나님 섬기는 일을 감당하고 있는 영적 지도자들의 필요는 하나님이 직접 채워 주실 것이므로, 다른 지파들처럼 농사와 장사 등을 통해 의식주를 해결하거나 재산을 불리는 데 에너지를 소진하지 말라는 것이다. 하나님이 이들에게 이런 배려를 베푸시는 것은 이들이 특권층이라서가 아니라, 이들에게 주어진 일이 그만큼 무겁고 소중하기 때문이다.

또한, 영적인 리더들을 각 지파의 마을 곳곳에 흩어져 살게 하신 것은 전 민족이 다 영적인 리더십과 긴밀하게 연계되도록 하기 위함이다. 장사를 하든, 농사를 짓든, 들에 있든, 산지에 있든, 모든 이들에게는 하나님과의 깊은 관계가 필요하다. 예배와 기도, 말씀을 통해 모두 진실하고 뜨겁게 하나님을 만나야 한다. 하나님의 지혜를 구해야 한다. 어느 곳에 살든지, 또한 어떤 분야에 있든지 우리는 하나님을 가까이하며 살아야 한다.

개척 정신의 모범을 보이라 이스라엘 각 지파에게 모든 땅이 분배된 후에야 총지도자 여호수아에게 기업이 주어진다. 여호수아가 맨 나중에 기업을 분배 받았다는 사실은 매우 의미 심장하다. 원래 가장 계급이 높은 어른, 가장 공로가 많은 장군이 가장 먼저 전리품을 취하는 것이 당연한 수순인데, 여호수아는 그 특권을 포기한 것이다. 진정한 리더십의 권위는 쟁취하는 데 있는 게 아니라 포기하는 데 있다. 힘을 사용하여 남보다 더 많이 쟁취하는 자는 사람들에게 부러움과 질투의 대상은 될 수 있을지 모르지만, 진정한 존경과 사랑의 대상은 되기 어렵다. 예수님의 리더십의 권위는 하늘 영광을 포기하고 땅으로 내려오신 데 있다. 훌륭한 리더가 되기를 원하는가? 그렇다면 얼마나 포기할 수 있는가?

또한 여호수아가 요구한 땅은 참 특이한 곳이었다. 여호수아는 자신이 속한 에브라임 지파의 땅 중에서도 '딤낫세라'란 산지(山地)를 원했는데, 이곳은 여호수아가 요구하기 전까지는 그 존재도 잘 알려지지 않은 이름 없는 성읍이었다. 당시 사람이 거주할 수도 없을 정도로 상당히 황무한 상태였기 때문에, 완전히 바닥부터 새로 지어야 할 정도로 많은 수고를 해야 했던 곳이다. 여호수아가 노구를 이끌고 그 험한 땅을 새롭게 짓다시피하여 자신의 기업으로 삼은 것이다. 이를 통해 그는 이스라엘 백성에게 평생 어떤 자세로 인생을 살아야 하는지를 끝까지 모범으로 보여 주었다. 진정한 리더는 가장 험하고 힘든 곳을 솔선 수범하여 개척하고 돌파구를 뚫는 사람이다.

～～•～～

우리 나라는 정치·경제도 문제지만 그 무엇보다 교육이 문제라고 들 한다. 그러나 교육의 책임은 단순히 교육부나 학교 선생님들만이 져야 할 문제가 아니다. 우리는 다음 세대를 위해 어떤 준비를 하고 있는가? 하나님의 명령을 받은 여호수아가 이스라엘 각 지파들에게 땅을 분배할 때 세웠던 원칙들을 다음 세대의 교육을 생각하는 우리도 깊이 새겨야 한다.

우리는 과연 우리의 한계를 인정하는가? 우리의 사명이 끝나갈 때 겸허하게 그 사실을 인정하고 다음 세대를 위한 준비를 하는가? 우리는 다음 세대에게 고기를 잡아 주는가, 아니면 고기를 잡을 수 있는 방법과 어장을 물려주는가? 또한 우리는 다음 세대를 가르칠 때 그들 각각의 특성을 충분히 고려하고 배려하는가? 과연 우리는 그들에게 서로를 존중하고 사랑하며, 전체의 팀워크를 생각하며 함께 사는 법을 가르치는가? 그 무엇보다 그들에게 하나님을 늘 가까이할 필요성을 가르치는가? 과연 우리는 마지막 숨이 붙어 있는 그 순간까지 편하고 좋은 자리가 아닌, 고통과 두려움이 수반되는 개척의 자리로 나아가는 모범을 보여 줄 수 있는가? 다음 세대가 각자에게 주어진 숙제를 훌륭하게 완수할 수 있게 하기 위해 우리가 선택할 길은 너무도 분명하다.

리더여, 사자의 심장을 가져라

🌿 리더의 인재 경영

- 당신의 한계를 인정하고 당신보다 뛰어난 사람을 키우라.
- 고기를 잡아 주지 말고 잡는 법을 가르치라.
- 끝까지 리더의 모범을 보이라.

"리더가 가진 비전은 그 어떤 상황에서도
분명하게 선포할 수 있는 것이어야 한다."

비전을
보여 주라

여호수아 17:16-18; 18:1-4, 10

IMF 이후 조금 회복기에 접어드나 싶었던 한국 경제의 거품이 빠지고 있다고들 한다. 아마 가장 큰 경제 지각 변동은 한때 젊은 사업가들의 총아로 불렸던 벤처 기업들의 몰락일 것이다. 독특한 하이테크 기술을 바탕으로 한 창조적 아이템과 젊은이 특유의 개척 정신이 합쳐져서 단시일에 수백, 수천억 원의 매출을 이뤄 내는 닷컴 기업들의 신화는 사람들의 흥분을 자아내기에 충분했다. 그런데 한때 잘 나가던 벤처 기업들이 왜 그토록 쉽게 무너지고, 뉴스 기사에 그토록 많이 오르내린 것일까?

여기에는 여러 가지 이유들이 있겠지만, 우리 정부의 벤처 지원 정책에 심각한 문제가 있었음을 지적하지 않을 수 없다. 원래 벤처란 영어 단어 'adventure(모험)'에서 나왔다. 성공 가능성이 몇 프로도 안될 정도로 치열한 경쟁과 험난한 장애물을 통과해야 하는 것이 벤처 사업이다. 바로 이 치열한 경쟁이 벤처 사업계를 건강하고 탄탄하게 한다. 어수룩한 아이템들은 자연스럽게 경쟁에서 탈락되고, 비윤리적 기업가들도 자연스럽게 다 걸러지기 때문이다.

진정한 벤처라면 창조적인 좋은 기술을 가지고, 창업 멤버들이 팀워크를 이뤄 건실한 땀을 흘려 일하게끔 되어 있다. 그래서 벤처 기업의 원조인 미국이나 유럽 같은 나라들은 국가가 일단 서로 반칙하지 않고, 공정하게 경쟁할 수 있는 환경만 조성해 주고 다른 지원은 일체 하지 않고 물러서 있다. 창업 분위기 조성, 기술 관련 기관 육성 등 간접적인 방식을 통해 벤처들이 스스로 커 가게 하는 것이다.

그런데 우리 나라는 처음부터 벤처 기업 육성에 대한 정부의 적극적인 관여가 문제였다. 벤처 기업인들이 붐을 타고 벤처라는 이름만으로 정부나 은행에서 쉽게 자금을 조달할 수 있었다. 하지만 실제 경영에 필요한 것보다 훨씬 많은 돈을 손쉽게 조달한 뒤 수익성 있는 사업 모델을 찾지 못하자 벤처인들이 본연의 자세를 잃어버리고 머니 게임(moneygame)에만 열중한 케이스들이 빈번했다. 이런 식의 비닐하우스 재배식 벤처 육성 정책은 벤처의 기본 정신인 개척 정신과 도전 의지를 잠재워 버리는 일이었다. 스스로 경쟁하고 땀 흘리며 개척할 수 있는 자생력을 갖추기 이전에 무분별한 원조를 해 준 것이 우리 정부의 실책이었던 것이다.

아무리 좋은 축복의 땅도 그것은 스스로 발 벗고 나서서 개척하는 자의 것이다. 아무리 다음 세대에게 좋은 유산을 물려줘도 그것을 일궈 낼 능력이 없다면 오히려 독이 될 수 있다. 우리는 지금까지 가나안의 광활한 땅을 분배한 여호수아의 리더십을 보았다. 그런데 안타깝게도 그 좋은 땅을 분배 받아 놓고도, 끝까지 개척하여 그 땅을 자기 것으로 만들지 못한 이스라엘 자손들이 너무 많았다. 이러한 그들의 모습 속에서도 우리는 중요한 인생의 교훈을 얻을 수 있다.

비전 성취를 위한 결단

끝까지 최선을 다하라 최고급 파워컴퓨터를 선물 받은 사람이 있다고 하자. 그 컴퓨터는 정보 기관의 슈퍼컴퓨터와 맞먹는 성능을 갖고 있어, 현란한 그래픽 디스플레이와 각종 3D 게임, 고속 인터넷을 통한 화상 채팅 등 최첨단의 일들을 할 수 있다. 그런데 이 컴퓨터를 받은 사람이 그런 여러 가지 복잡한 기능들을 배우기가 귀찮고 힘들어서, 그냥 이메일만 보내고 단순 서류만 작성하는 일에 그친다면 그것을 바라보는 사람들이 어찌 답답하지 않겠는가?

이스라엘 백성들은 하나님의 축복으로 당시 고대 사회에서 가장 기름진 땅인 가나안 땅을 기업으로 분배 받았다. 분명히 자신들의 것으로 받기는 했는데, 문제는 이들이 팔을 걷어붙이고 나서서 그 축복을 완전히 자기 것으로 만들지 못했다는 데 있었다. 이스라엘 12지파 가운데 가장 큰 지파인 유다 지파를 보자. 유다 지파는 요단 서편에서 맨 처음으로 기업을 할당 받을 정도로 이스라엘 민족 전체의 리더십 역할을 감당해 온 중추 세력이다. 그들은 가나안 땅의 중남부 일대 노른자 땅을 거의 차지하는 특권을 누렸다. 평야와 산지, 해안가를 두루 포함한 광활한 땅이므로 농사, 목축, 사냥, 상업 등 무엇이든지 할 수 있는 기회의 땅을 받은 것이다.

그런데 이 엄청난 축복을 받은 유다 지파가, 자신들에게 배분된 땅의 중심부에 위치한 견고한 성 예루살렘을 지배하고 있던 여부스 족속을 쫓아내지 못했다고 성경은 말한다. 이 사실이 굳이 성경에 기록된 것은 그것이 중요한 의미를 지니고 있기 때문일 것이다. 여부스 족속은 하나님이 반드시 쫓아내라고 하신 가나안 7대 부족 가운데 하나다. 막강한 유다 지파에 비하면 상당히 숫자가 적은 소수 민족이기도 했다. 그런데도 유다 지파는 이들을 쫓아내지 않아, 계속 같은 땅에서 공존하게 되었다. 결국 이들은 훗날, 이스라엘 민족의 옆구리에 가시 같은 존재가 되어 끝없이 이스라엘을 침략하고 괴롭혔으며, 음란하고 폭력적인 문화를 이스라엘 자손들에게 퍼뜨려 정신 문화를 병들게 하는 주범이 되었다.

우수한 선수일수록 경기의 마무리를 잘한다. 이기고 있다고 방심하지 않는다. 지혜로운 학생은 시험 기간 내내 한결같이 최선을 다한다. 하나님은 우리에게 마지막까지 최선을 다하기를 원하신다. 끝까지 하나님의 명령에 준행하기를 원하신다. 그럴 때 우리는 온전한 축복을 받을 수 있다.

리더여, 사자의 심장을 가져라

죄와 타협하지 말라 유다 지파 이상으로 안타까운 이들이 요셉의 자손들인 에브라임 지파와 므낫세 지파다. 요셉의 자손들은 훌륭한 믿음의 조상을 만난 덕에 두 몫의 기업을 분배 받는 특권을 누렸다. 야곱의 집안에 끼친 요셉의 공로 때문에 하나님의 축복을 갑절로 받은 것이다. 또한 그들이 분배 받은 땅은 야곱이 요셉에게 축복할 때 말한 대로 가나안의 비옥한 중앙 지대였다. 이처럼 우리가 지금 믿음의 씨앗을 착실히 뿌려 놓으면 후에 하나님의 축복이 우리의 자손들에게까지 흘러갈 것이다. 이것을 뒤집어서 생각해 보면, 우리가 지금 누리고 있는 복이 사실은 우리 믿음의 조상들이 뿌려 놓은 아름다운 씨의 열매들인 것이다.

그런데 에브라임 지파도 자신들의 땅의 요충지에 위치하고 있는 게셀 사람들을 쫓아내지 않고, 조공을 받으며 종으로 부렸다는 사실을 성경은 지적한다. 그들을 종으로 삼은 사실을 볼 때 에브라임은 그들을 쫓아낼 수 있는 힘이 충분히 있었는데도 그렇게 하지 않은 것이다. 그들을 통해 인간적인 편의와 유익을 얻어 보겠다는 계산에서였다. 하나님의 사람들에게 있어서 세상적인 유익과 편의를 위해 죄와 타협하는 것처럼 위험한 일은 없다. 세상을 조종하는 어둠의 권세는 그렇게 호락호락하지 않기 때문이다. 그 결과는 기대했던 세상적 유익과 편의는 물론이고 영적인 파워마저 모두 잃어버리는 비참한 것이 될 것이다. 결국, 게셀 사람들은 낮은 포복으로 살아남아 후에 사사 시대를 지나면서 이스라엘의 정신 문화를 타락시키고, 게릴라전으로 끊임없이 괴로움을 주는 암적인 세력이 된다.

또 다른 요셉 자손인 므낫세 지파도 마찬가지였다. 그들 역시 자기 영토 안에 있는 가나안 민족들을 완전히 쫓아내지 못했다. 이 부분에 대해 17장 12절은 이렇게 말한다. "므낫세 자손이 그 성읍들의 거민을 쫓아내지 못하매 가나안 사람이 결심하고 그 땅에 거하였더니." 가나안 사람들이 요즘 말로 '배 째라' 식으로 강하게 버텨서 이들을 어찌할 수 없었다는 말이다. 싸움은 주먹 이전에 먼저 정신력의 대결이다. 므낫세 지파는 하나님을 모르는 가나안 족속의 정신력에서부터 밀려났다. 처음부터 포기한 것은 아닐지라도 결국에는 그들의 저항에 체념하고 만 것이다.

당신은 하나님의 일을 하다가 반드시 해야 하는 줄 알면서도, 만만찮은 저항 세력 앞에 쉽게 포기하고 타협해 버린 적은 없는가? 잘못된 일이거나 하나님의 뜻이 아님을 깨달은 경우 외에 단지 앞을 가로막은 장애물이 어려워서 끝까지 싸워 보지도 않고 포기해 버렸다면 당신이 어찌 진정한 리더라 하겠는가? 지금 일어나 그 일을 끝내라.

창조적인 리더십

새로운 분야를 개척하라 요셉의 자손들인 에브라임 지파와 므낫세 지파는 분배된 기업에 대하여 불만을 토로한 유일한 지파들이기도 했다. 17장에 보면 그들은 지도자 여호수아 앞에 나와서, 자기들은 '큰 민족'인데 주어진 땅이 너무 작다고 불평했다. 두 지파를 합치면 인구가 가장 많은데 주어진 땅이 너무 협소하다는 것이다. 사실 그 말은 옳았다. 두 지파를 합친 인구는 이스라엘 12지파 중에서 가장 많았다. 하지만 그들 중 일부인 므낫세 지파의 반은 이미 요단강 동편의 넓은 지역을 기업으로 분배 받은 상태였다. 그들을 제외하면 이들의 숫자는 다른 지파들에 비해 훨씬 적었다. 즉 그들에게 배분된 몫은 충분했다.

하나님께 감사하지 않고 불평 불만이 많은 사람들을 보면, 대부분 안 받은 사람들이 아니라 받은 것에 만족하지 못하는 사람들이다. 이미 받은 은혜를 깨닫지 못하고, 더 받기만 바라는 사람은 불행해진다. 하나님은 항상 내 능력과 처지에 비해 과분한 은혜를 주시는데, 항상 불만에 차서 "나는 더 받을 자격이 있는 사람인데…," "나는 더 높은 자리, 중요한 자리에 앉아야 할 사람인데…" 하며 푸념하고 있으니 이 얼마나 안타까운 일인가? 당신에게 주어진 은혜는 당신에게 족하다. 이 사실을 인정하라. 그래야 마음에 기쁨과 평안이 온다.

자신들은 큰 민족인데 주어진 땅이 너무 좁다고 불평하는 이들에게 여호수아는 간단히 대답했다. "좁다면 네가 스스로 가나안 족속들의 산으로 올라가서 개척하여 땅을 넓혀라!" 사실 이미 주어진 광대한 땅도 자신들이 직접 노력해서 얻은 것이 아니라 이스라엘 전 민족이 목숨 걸고 싸워서 얻은 땅을 그냥 공짜로 분배 받은 것이었다. 그런데도 감사할 줄 모르고 땅이 좁다고 불평하는 그들에게 여호수아는 "가만히 앉아서 주는 떡을 받아먹고 있으니 너희들이 고마운 줄 모르는구나. 가서 네 스스로 땀 흘려 싸워서 땅을 쟁취해 보라. 얼마나 힘든 일인지 알 것이다"라는 메시지를 암시한 것이다. 낮은 곳에 머물면서 좁다고 불평하고 원망

> 축복을 받으려는 우리의 열망보다 우리에게 축복을 주시려는 하나님의 열망이 더 크다. ─아우구스티누스

할 것이 아니라 눈을 들어 높은 산림 지대를 보고 그곳으로 올라가라고 한 것이다. 그렇다. 올라가지도 않고 개척해 보지도 않은 채 낮은 곳, 즉 밋밋한 현실에 안주해서는 결코 문제를 해결할 수 없다.

여기서 '개척하다'의 히브리어는 '창조하다, 나무를 자르다' 란 의미를 지닌다. 즉, 나무를 베고 숲을 개간함으로써 창조적인 영역을 적극적으로 만들라는 뜻이다. 요셉의 자손들이 이렇게 적극적인 개척 정신을 가지고 땅을 일구어 나갔다면 그들의 입에서 "비좁다", "부족하다" 란 불평이 그렇게 쉽게 나오지 않았을 것이다. 개척할 영역은 얼마든지 광활하게 펼쳐져 있었기 때문이다. 하나님의 리더십은 좁은 현실에서 자리 다툼하며 싸우지 않는다. 끝없이 새로운 분야를 찾아 적극적으로 개척하는 모범을 보이고, 다른 이들도 그렇게 하도록 격려한다. 현실에 안주하는 순간, 당신과 당신 공동체의 운명은 내리막길을 향하게 될 것이다.

믿음으로 장애를 극복하라 요셉 자손들의 또 다른 불평은 믿음 없음의 증거 그 자체였다. 자신들에게 분배된 기업 안에는 철 병거를 가진 강력한 가나안 족속이 살고 있어서 그들을 무찌르고 땅을 차지하기가 어렵다는 것이었다. 여기서 철 병거는 철갑으로 둘러진 전차를 가리킨다. 특히 마차의 바퀴 좌우에 철로 된 톱니가 달려 있어, 당시 청동기 무기를 사용했던 이스라엘 백성들에게는 아주 위협적으로 보이기에 충분했다. 그러나 이제까지 이스라엘 민족은 이보다 훨씬 더 어려운 상황 속에서도 수많은 위기를 넘기며, 강한 적들을 무수히 굴복시켜 왔다. 범람하는 요단강을 건넜고, 무적의 여리고와 아이 성을 무너뜨렸으며, 가나안 남부와 북부의 연합군을 모조리 궤멸시켜 오지 않았던 가? 이런 의미에서 믿음은 기억력이다. 하나님이 과거에 어떻게 함께 하셨던가를 조금이라도 기억한다면 그들이 이렇게 나약해지지는 않았을 것이다. 요셉의 자손들은 과거를 기억하지 않았고, 현실에 안주하기를 바랐으며, 믿음으로 용감하게 장애를 극복하려는 생각이 없었던 것이다.

방금 전까지 자기들이 '큰 민족'이라고 뽐내던 그들이 이제는 철병거를 가진 적이 무섭다고 덜덜 떨고 있었다. 여호수아의 눈에는 그 모습이 참으로 한심해 보였다. 그래서 눈을 부릅뜨고 그들을 꾸짖었다. "네가 큰 민족이라면 큰 능력이 있을 것이다. 큰 능력이 있으면 큰 상대와 붙어야 하지 않겠는가? 하나님이 너와 함께하시면 그까짓 철병거가 문제겠느냐? 방금 전까지 스스로 자신이 크다고 하면서 으스대더니, 왜 갑자기 겁이 났느냐? 왜 너희 자신을 그렇게 낮게 보고, 두려움에 떨고 있는가? 저들의 영토 끝까지라도 밀고 들어가 땅을 개척하라!"

이렇듯 평소에 큰소리치던 사람이 실제 상황에 부딪치면 비겁해지기도 한다. 누구나 특권은 바라면서 그에 따르는 책임과 의무는 회피하게 마련이다. '용기(courage)'라는 말은 '마음'을 뜻하는 불어(coeur)에서 유래했다고 한다. 리더십은 후방에서 멋대로 큰소리치고, 자기를 과시하는 것이 아니다. 리더십의 진수는 아무리 강한 적도 하나님에 대한 믿음으로 당당히 맞서는 사자의 심장과 같은 용기에 있다. 이 용기의 심장은, 모든 전쟁에서의 승리와 패배가 수(數)나 무기에 있지 않고, 오직 하나님의 능력에 달려 있음을 믿는 믿음에서 나온다. 리더십은 경박한 쇼맨십(showmanship)이 아니다. 불 같은 용기의 서번트십(servantship)인 것이다.

해결책을 제시하는 리더십

여호수아 18-19장을 보면 더 답답한 사람들이 등장한다. 아직까지 '땅을 얻지 못한 일곱 지파들'이다. 엄밀히 말하면 그들은 다른 지파들과 같이 땅을 분배 받기는 했지만, 그 땅을 자기 것으로 만드는 데 게으르고 소극적이어서 다른 형제 지파들의 땅에 그냥 머물러 있었다. 즉, 분배 받은 땅에 있는 적들을 쫓아내고 땀 흘려 땅을 일궈서 자신의 것으로 만드는 데 게을렀던 것이다. 차려다 준 밥도 안 먹고 있는 격이었다. 잠언에 이런 말씀이 나온다. "게으른 자는 그 잡을 것도 사냥하지 아니하나니 사람의 부귀는 부지런한 것이니라"(12:27). 그들은 자기 기업을 받았으면서도 그것을 방치해 두었다. 믿음과 영적인 열심이 부족했다. 이것은 그들에게 선물을 주신 분에 대한 매우 불손한 태도였기에 여호수아는 이들을 엄하게 꾸짖었다.

여호수아가 탁월한 지도자임을 보여 주는 것은 그가 문제의 원인만 지적하는 데 그치지 않고, 그 해결책까지 제시했다는 데 있다. 여호수아는 일곱 지파의 리더들을 소집해 놓고, 각 지파당 3명씩 대표를 뽑아 총 21명으로 구성된 토지 탐사반을 만들게 했다. 그들의 임무는 아직 분배되지 않은 가나안 땅을 탐사하여 일곱 지파에 대한 분배를 염두에 두고 성읍이나 우물의 수 그리고 지형의 특성이나 자연적인 경계

구획 등을 그려 오는 일이었다.

　이 토지 탐사반은 자신들이 취할 땅을 직접 눈으로 확인함으로써 기업에 대한 소망을 고취할 수 있었을 것이다. '백문이 불여일견'이라고 했다. 문제가 앞에 놓였을 때 정면으로 부딪치면 뜻밖에 생각보다 쉽게 해결되는 경우가 많다. 이들의 이 같은 역할은, 예정보다 기업 분배가 많이 지체된 상황에서 일곱 지파에 대한 기업 분배를 훨씬 효과적이고 신속하게 진행시키는 데 기여했을 것이다. 무작정 대책 없이 기다리는 것과 이런 합리적이고 체계적인 준비 작업이 진행되고 있음을 알고 기다리는 것은 천지 차이다. 지도자는 바로 이런 '이유 있는 기다림'을 사람들에게 이해시킬 수 있어야 한다. 또한 일곱 지파에서 3명씩 참여하도록 함으로써 앞으로 분배될 땅에 대한 사전 불만 요소를 효과적으로 제거할 수 있었을 것이다. 50년 전, 여호수아 자신이 이스라엘 민족 전체를 대표하는 열두 정탐꾼의 한 사람으로서 같은 일을 수행한 적이 있기 때문에 그는 이 일이 얼마나 중요한지와 참가한 사람들에게 어떤 영향을 끼치는지 잘 알고 있었다.

　그렇다. 지도자는 대안 없이 질책만 하는 사람에 그쳐서는 안 된다. 문제의 원인을 지적하는 것 못지않게 그 해결책을 모색하는 데 많은 시간과 노력을 투자해야 한다. 그리고 무엇보다도 그 과정에서 하나님의 인도하심에 세심한 주의를 기울여야 한다. 과연 문제 해결 방법이 자신의 뜻이 아니라 하나님의 큰 뜻에 부합되는 것인지, 일에 관련된 공동체 구성원들 모두가 참여하며 그 과정을 통해 새롭게 도약할 수 있을 것인지를 끊임없이 고민해야 하는 것이다.

이스라엘 자손들 중에는 우리에게 신선한 충격을 주는 훌륭한 사람들도 있다. 자신에게 주어진 땅을 가장 용감하고 적극적으로 개척한 사람은 놀랍게도 여호수아를 제외한 이스라엘 민족 가운데 최고령자 갈렙과 그 자손들이었다. 여호수아 14-15장에 나오는 갈렙과 그 자손들의 개척기는 충격 그 자체다. 갈렙은 85세가 넘었고, 총지도자 여호수아와 함께 그때까지 가장 큰 전공을 세운 혁혁한 원로였다. 가만히 앉아서 이미 정복된 땅 중 가장 아름다운 평야 지대와 소산이 풍성한 땅을 택해도 아무도 뭐라 할 수 없었다. 그러나 그는 천혜의 산지에 위치한 난공불락의 요새 헤브론, 즉 가나안 최고의 거인족인 아낙 자손들이 지키고 있는 땅을 스스로 택했다.

그리고 갈렙이 적들을 깨끗이 격퇴시키고, 헤브론을 완전히 장악했다는 사실이 성경에 기록되어 있다. 그런데 갈렙은 그토록 힘들게 점령한 땅을 동족들에게 내주고, 자신은 초라한 거처로 가서 여생을 마친다. 어떤 사람은 그리 어렵지 않은 일도 엄살을 피우면서 못하겠다고 한다. 반면 어떤 사람은 엄청난 도전도 하나님을 믿고 묵묵히 정면 승부하여 길을 뚫고 나간다. 노장 갈렙의 도전 정신과 더불어 자신이 쟁취한 것을 양보하는 그의 결단은, 오늘날 많은 리더와 팔로워들에게 도전을 준다.

갈렙의 후계자 옷니엘도 용맹했다. 드빌 성은 가나안 땅의 지식과 문화의 중심지였다. 헤브론 이상으로 막강한 적들이 지키던 이 드빌 성을 옷니엘이 앞장서서 무너뜨린다. 그 공로로 옷니엘은 갈렙의 사위가 된다. 그 후 40년 동안 옷니엘은 외적으로부터 이스라엘 백성들을 지켜 내는 용감한 지도자로 살았다. 옷니엘의 모습은 곧 갈렙의 모습이다. 이들의 모습에서 훌륭한 리더의 리더십은 전염된다는 것을 알수 있다. 갈렙의 용감한 개척 정신은 다음 세대에게 백 마디 연설보다나은 모범이 되었다.

당신이 정말 탁월한 리더라면 다른 사람이 가지 않는 새로운 개척지에 과감히 나아가 보라. 다른 사람이 하지 않는 생각들을 열어 보라. 축복은 개척하는 자의 것이다.

Bookmark for Leaders

리더의 비전 제시

- 명확한 비전을 보여 주라.
- 창의적인 방법으로 비전을 이뤄 가라.
- 문제가 있으면 해결책을 제시하라.

"리더의 중요한 사명 중 하나는 팔로워들의
   장점을 발견하고 계발시켜 주는 것이다."

칭찬하고
격려하라

13

여호수아 22:1-9

2001년 1월 26일, 오후 7시 15분경 일본 도쿄(東京)의 신오쿠보 역. 일본 유학생인 26세의 청년 이수현 씨는 술에 취한 한 일본인이 선로에 떨어지는 것을 보고 그를 구하려 자신도 선로로 뛰어내렸으나 마침 플랫폼으로 들어오던 전동차를 피하지 못하고 목숨을 잃었다. 이 씨는 우리들이 잊고 살아가던 희생과 용기의 가치를 새삼 일깨워 주고 이 세상을 떠났다. 그의 의로운 죽음에 일본 열도는 함께 울었다. 신오

쿠보 역에는 이수현 씨를 기념하는 장소가 만들어졌고, 아직도 수많은 일본인들이 찾아와 경의를 표하고 있다. 특히 수많은 일본의 지도자들이 이수현 씨의 거룩한 희생 앞에 머리를 숙이고 경의를 표했으며, 고이즈미 총리와 다나까 외상도 한국을 방문했을 때 잊지 않고 이수현 씨의 부모님을 찾아 인사를 할 정도였다. 가히 이수현 신드롬이라고 해도 과언이 아닐 정도로 그의 고귀한 희생은 일본 열도 전체를 감동시켰다. 무엇이 이 청년의 신드롬을 만들었는가?

인간은 누구나 자기의 유익을 추구하는 것이 본능이다. 인간이 가진 가장 소중한 것은 자기 생명인데, 그것을 생판 알지도 못하는 남을 위하여 주는 일이 어디 쉬운 일인가? 그래서 우리는 세상을 살면서 자기의 이익이 아닌, 남을 위하고 민족과 공동체와 이웃을 섬기기 위해 스스로를 희생하는 이들을 존경하고 사랑하는 것이다. 정치권의 후보들을 포함한 소위 지도자가 되겠다고 나서는 사람들은 모두 자기가 그런 사람들임을 자처하며, 우리도 지도자들이 그런 희생 정신을 가지기를 주문한다. 그런데 과연 그런 희생 정신은 지도자들에게만 요구되는 것일까? 국민 한 사람, 공동체의 구성원 한 사람도 때로는 스스로의 유익을 초월하는 희생을 감수할 각오가 되어 있어야 하지 않는가? 그런 국민들 가운데 그런 지도자도 나오는 것이다.

객관적인 전력에서 절대 열세였던 이스라엘 민족이 가나안 땅에 들어가, 어떻게 당시 고대 사회에서 가장 호전적인 가나안의 수많은 이방 민족들과 벌였던 7년여에 걸친 전쟁에서 승리하고 안식할 수 있었을까? 그것은 무엇보다 절대적인 하나님의 도우심과 더불어 지혜와 용기를 겸비한 지도자 여호수아의 리더십이 큰 역할을 했다. 그러나 그 여호수아의 리더십에 성실하게 순종해 준 수많은 부하들의 헌신도 결정적이었다. 그 중에서도 르우벤 · 갓 · 므낫세 지파의 공헌이 두드러졌다. 이 세 지파에 대한 기사는 여호수아서 1장에서부터 등장한다. 그들의 이야기를 다시 한 번 떠올리면서 그들을 대하는 여호수아의 태도를 보자.

칭찬의 힘

칭찬할 줄 아는 리더가 되라 이들 세 지파들은 이스라엘 12지파들 중에서 가장 전투력이 강한 전사들을 보유하고 있었다. 이스라엘 백성들이 아직 광야에서 유랑 생활을 하던 시절, 미디안 광야의 여러 사나운 부족들의 연합군과 큰 전쟁을 치러야 했던 적이 있었다. 그때, 이들 세 지파는 최선봉에 서서 혁혁한 전과를 세웠다. 승리한 이스라엘군은 전과에 따라서 빼앗은 적의 가축을 다 분배해 주었는데, 이들은 전공이 컸으므로 가장 많은 가축들을 배분 받았다.

그러나 곧 고민이 생겼다. 이 많은 가축들을 데리고 이동하거나 충분히 먹일 푸른 초장을 찾는 것은 쉬운 일이 아니었다. 요단강을 건너기 전, 그들의 눈에는 넓고 광활한 요단강 동쪽 땅이 들어왔다. 그들은 모세에게 달려가 요단강 동쪽 땅을 분배 받게 해 달라고 간청했다. 그러자 모세는 불같이 화를 냈다. 이제 전 민족이 함께 힘을 모아 요단강을 건너 정복 전쟁을 벌이려는 시점에, 자기 지파만 빠진다는 것은 이기적인 발상이며 화합을 해치는 주장이었다. 실제로 가장 전투력이 막강한 이들 세 지파가 이렇게 이기적으로 집단 병역 기피를 하고 나오자 다른 모든 지파들이 주춤거리기 시작했다. 이들 세 부족의 리더들은 고심 끝에 절충안을 내놓았다. 자기 지파의 여자와 어린아이들만 남아서 정착하고, 남자들은 가나안 정복 전쟁에 참여하되 전쟁이 완결된 뒤에 이 땅으로 다시 돌아오는 조건이었다. 결국 모세는 그 절충안을 받아들였다.

모세를 이어 새 지도자가 된 여호수아는 가나안 정복 전쟁을 시작하기 직전, 이들 세 지파에게 옛날의 약속을 상기시키며 선봉 부대로 나설 것을 명령했다. 여호수아가 명령을 내리기는 했지만, 그는 사실 지도자의 자리에 취임한 지 얼마 안 되어 아직 이스라엘 전체를 장악하지 못한 상태였다. 과연 그들은 이 명령에 어떤 반응을 보였을까? 여호수아의 명령에 이스라엘 전체에서 가장 막강한 군대를 갖고 있던 이들 세 지파들은 군소리 없이 순종했다. 오히려 용기를 내라고 여호수아를 격려하기까지 했다. 그리고 7년이 넘는 긴 세월 동안 치러진 수많은 전쟁의 최선봉에 서서 가나안 정복 전쟁을 승리로 이끄는 데 결정적 역할을 했다. 과거의 약속을 지킨, 그야말로 의리의 사나이들이었다. 정복 전쟁이 끝나고 땅 분배가 다 끝나자, 여호수아는 가장 먼저 이 의리의 세 지파를 불러 칭찬과 함께 상을 주어 부모 형제가 기다리고 있는 요단강 동편 땅으로 돌려보냈다.

구체적으로 칭찬하라 여호수아는 세 지파를 구체적으로 칭찬해 준다. 사람은 자기를 알아주는 사람을 위하여 목숨을 버린다고 했다. 리더의 중요한 사명 가운데 하나는 자신을 따르는 사람들의 위대한 면을 발견하고, 인정해 주는 것이다. 여호수아가 이 세 지파를 칭찬한 세 가지 포인트는 오늘날 우리에게 무엇이 리더의 마음을 참으로 기쁘게 하는지에 대한 중요한 힌트를 준다.

여호수아는 먼저 이 세 지파가 모세와 여호수아라는 2대에 걸친 하나님의 리더들을 잘 순종한 것을 칭찬한다. "다 지키며…청종하여"라는 말이 인상 깊다. 군인은 싸움을 잘하는 사람이기 전에 순종하는 사람이다. 실력 있는 사람일수록 자기 고집이 세다. 그런 사람일수록 다른 사람에게 순종하는 것이 힘들다. 그런데 이스라엘에서 가장 강한 전력을 지닌 이 세 지파 사람들은, 7년여에 걸친 기나긴 정복 전쟁 기간 동안 항상 격심한 전투의 최선봉에 서서 여호수아의 명령에 순종하여 싸웠다. 가장 실력 있는 사람들의 이런 적극적인 순종이 전쟁을 얼마나 순조롭게 했을지는 충분히 짐작이 간다. 여호수아는 이 점을 높이 산 것이다.

우리는 정치, 경제, 교육, 종교계 모든 영역에서 탁월한 리더가 없다고 탓하기 전에, 좋은 리더가 세워졌을 때 우리 자신이 얼마나 아름다운 순종을 했는가를 스스로에게 물어보자. 요즘 우리 사회는 순종에 익숙한 사람을 속칭 '범생'이라 놀리며 비웃는 경향이 있다. 반대로 권위에 무조건 대들고, 반항이라도 하면 속이 시원하다며 무분별하게 영웅시한다. 이것이 과연 바람직한 것인가? 순종은 결코 무능력하기 때문에, 혹은 속으로 이를 갈면서 마지못해 하는 것이 아니다. 하나님이 세워 주신 리더에게

> 격려와 칭찬이 좋은 이유는 계속 그것을 강화하여 올바른 방향으로 나아가게 하기 때문이다. — 새뮤얼 버틀러

칭찬하고 격려하라

잘 순종하지 못하면 자신이 리더가 되었을 때도 사람들이 자신을 잘 따라 주지 않는다.

끝까지 해낸 것을 칭찬하라 여호수아는 또한 이들 세 지파들이 8년에 가까운 오랜 세월 동안 변하지 않고, 자신의 자리를 지키며 인내한 것을 칭찬한다. 부모와 아내와 어린 자녀들과 모든 재산을 요단 동편에 두고, 가나안 땅에 들어와 전쟁한다는 것은 결코 쉬운 일이 아니었을 것이다. 사실 무슨 일이든지 처음에는 좋은 뜻으로 시작해도, 그것을 오랜 세월 동안 묵묵히 계속 한다는 것은 쉬운 일이 아니다. 그렇기 때문에 리더의 입장에서는 더욱 그런 사람들이 고맙다. 컨퍼런스나 세미나 같은 일을 진행해 보면, 가장 고마운 사람들이 바로 처음부터 끝까지 나와 함께 있으면서 움직여 주는 사람들이다. 큰 도움이 안 되더라도, 실력이 뛰어나지 않더라도 함께해 주는 것만큼 큰 힘이 되는 일도 없다.

세 지파의 사나이들은 사랑하는 부모 처자와 떨어져 7년 세월이 넘는 긴 전쟁을 훌륭히 치러 내면서, 결코 중간에서 포기하지 않았다. 감정적으로는 몹시 힘들었을 텐데도, 자신들의 동족을 버리지 않고 끝까지 앞장서서 전쟁을 치렀다. 하나님의 일들은 때로 오랜 시간을 필요로 한다. 그런데 얼마나 많은 사람들이 힘들다고 중간에서 수없이 포기해 버리는가? 승리하는 리더의 트레이드 마크는 끝까지 인내하는 것이다. 오래 참지 못하는 리더, 인내하지 못하는 리더는 자격이 없다. 인내의 기간은 주어진 책임을 완수할 때까지다.

그들은 단순히 인내하는 데 그친 것이 아니라, 자신에게 주어진 책임을 완벽하게 마무리했다. 여호수아는 세 번째로 이 점을 칭찬한다. 그들은 모세 앞에서 정복 전쟁이 매듭 지어질 때까지 끝까지 같이 싸우겠다고 약속했었다. 선거 전 공약을 당선 후 제대로 지키는 정치가를 별로 못 봤다. 약속을 하기란 쉽다. 그 후 지키는 것이 어려운 법이다. 그런데 이 세 지파 사람들은 어렵고 힘든 중에도 자신들에게 주어진 책임을 완수했다. 거듭 반복하지만 진정한 리더십은 이렇게 '끝내주는 것'이다. 리더는 단순히 똑똑한 아이디어를 내고, 말만 조리 있게 잘하는 사람이 아니다. 결심하고 말한 것을 끝까지 붙잡고 매듭 짓는 사람, 바로 그가 리더다. 책임을 끝까지 완수하지 못한다면, 어떤 일이든 제대로 매듭 짓지 못한다면 어찌 그 리더를 신뢰할 수 있겠는가? '결자해지(結者解之)'라 했다. 당신이 시작한 것은 반드시 하나님과 사람 앞에서 끝까지 인내하며 스스로 매듭을 짓도록 하라.

리더로서 꼭 해야 할 권면

하나님과 사람 앞에서 약속을 훌륭하게 지킨 르우벤, 갓, 므낫세 반지파를 여호수아는 우선 칭찬했다. 그러나 칭찬과 더불어 중요한 권면도 잊지 않았다. 지혜로운 사람은 칭찬받는 것으로 만족하지 않는다. 진일보하기 위해서는 권면을 달게 받으며, 끊임없는 자기 각성이 필요하다. 여호수아는 세 지파들에게 평화로운 안식을 위하여 힘써 땅을 경작하라든가, 성읍을 더 튼튼하게 쌓으라든가, 주변의 변방을 정복하여 땅을 넓히라는 등의 권면은 하지 않았다. 수많은 전쟁과 인생의 위기를 넘기면서 여호수아는 무엇이 가장 중요한 것인지를 알고 있었기 때문이다.

하나님을 사랑하라 여호수아는 우선 하나님을 사랑할 것을 명령했다. 여기서 '사랑하다'의 히브리어 '아하브'는 '좋아하다, 기뻐하다'라는 의미를 담고 있다. 사랑하지 않으면 모든 일이 부담 되고 짜증스럽다. 하지만 우리는 사랑하는 사람을 위해서라면 아무리 힘든 일도 기쁘게 감당할 수 있다. 사랑하는 연인을 기쁘게 해 줄 수만 있다면 절벽 위에 핀 꽃을 따다 주기 위해 천 길 낭떠러지 절벽 위도 서슴지 않고 올라갈 것이다. 그러나 끔찍하게 싫은 사람이 만약 물 한 컵 떠다 달라고 한다면 바로 옆에 물컵이 있어도 질색을 하며 도망가고 싶어지게 마련이다.

하나님을 향한 사랑이 없다면 우리의 신앙은 딱딱한 종교 의식과 지루한 의무감으로 전락한다. 정신을 차리고 그 사랑을 잘 지키지 않으면 하나님을 향한 사랑이 식어 버릴 수 있다. 사랑은 단순한 순간의 감정이 아니다. 연애는 불꽃이지만, 결혼은 난로와 같다고 했다. 계속 땔감을 넣어 주고, 불이 꺼지지 않도록 깨어 계속 불을 지피지 않으면 난로도 언제 차갑게 식어 버릴지 모른다. 가장 귀한 시간을 드려서 하나님의 말씀을 읽고, 기도하며, 찬양하는 일이 곧 난로에 땔감을 넣고 불을 계속 지피는 일인 것이다.

하나님의 길을 가라 우리 눈에는 보이지 않지만 물 속에도 길이 있고, 공중에도 길이 있다고 한다. 물고기들과 새들에게는 따로 길이 없어 보이지만, 각자 자기들의 길을 따라 이동한다고 한다. 우리의 인생도 길을 걸어가는 것과 같다. 프랭크 시나트라는 자신의 소신대로 인생을 살겠다는 의지를 'My Way' 라는 노래로 표현했다. 여호수아는 세 지파들에게 하나님의 길을 걸어갈 것을 부탁한다. 여기서 '걸어간다' 는 말은 '살아간다' 는 뜻이다. 우리가 하나님을 사랑하는 구체적인 방법은 하나님의 길을 존중하고, 오직 그 길로만 걸어가는 것, 즉 그렇게 살아가는 것이다. 민주주의는 다수결의 원칙을 존중하지만, 다수결이 모두 옳고 좋은 것은 아니다. 세상 모든 사람이 다 가는 길이라 하더라도 그 길이 하나님의 길이 아니라면 가지 말아야 한다. 그것이 바로 하나님의 사람이 감수해야 하는 외로움이요, 고통이다.

불확실하거나 모르는 길을 갈 때 우리는 지도를 보거나 다른 사람에게 물어물어 찾아간다. 어느 길로 가야 할지를 결정한다. 길은 곧 우리의 선택이요, 인생의 끝없는 결정이다. 하나님의 길을 걸으라는 것은 하나님이 원하고 좋아하시는 결정을 해 나가라는 것이다. 하나님의 지혜로 판단하고, 하나님의 뜻에 순종하는 결정을 하라는 것이다. 하나님의 리더라면 당연히 하나님의 길을 걸어야 할 것이다. 그럴 때 따르는 사람들을 제대로 이끌 수 있다.

하나님의 말씀을 행하라 하나님을 사랑하는 백성이라면 하나님의 말씀을 실천해야 한다. 여호수아는 오랫동안 충실하게 자신의 리더십을 따른 의리의 세 가문들에게 앞으로도 계속 자기에게 충성하라고 하지 않았다. 우리는 대부분 자신에게 충성하는 가신을 주위에 두고 싶어 한다. 따르는 사람들을 '내 사람' 으로 만들려 하고, 내게만 의리를 지킬 것을 요구한다. 그러나 이스라엘의 지도자 여호수아는 세 지파들에게 여호수아 자신이 아닌 하나님의 말씀만을 지키고 살 것을 당부할 뿐이었다.

바로 이것이다. '내 사람'이 늘어나면 나의 적들도 늘어나게 마련이다. 사람들을 내게 충성을 바치게 만들수록 나를 배신하는 사람들도 그만큼 늘어난다. 힘으로 의리를 강요하면, 내 힘이 없어질 때 그 의리는 눈 녹듯이 사라진다. 사람들에게 내 말만 들으라고 강요하는 것은, 언젠가 드러날 나의 불완전함을 공동체 안에 전염시키겠다는 것과 다름없다. 리더는 사람들로 하여금 자신이 아닌 하나님을 보게 해 주는 사람이요, 자신의 말이 아닌 하나님의 말을 들을 수 있도록 해 주는 사람이다. 이 사실을 여호수아는 너무나 잘 알고 있었다.

하나님을 가까이하라 여호수아는 계속해서 '친근히 하라'고 권면한다. 이 말은 히브리어로 '착 달라붙어라, 꼭 붙잡아라, 있는 힘을 다해 좇아가라'는 의미다. 마치 사랑하는 사람에게 표현해야 할 행동 같다. 여호수아는 지금 세 지파에게 어떤 일이 있어도 "하나님한테 착 달라붙어 있어야 된다, 항상 하나님 손을 꼭 붙잡아야 한다, 있는 힘을 다해 하나님을 좇아가 매달려야 한다"고 당부하고 있다. 바로 이것이 주어진 복을 탄탄하게 지켜 나가는 길이기 때문이다.

우리의 본능은 자꾸만 하나님을 뒤로하고 뛰쳐나가서 자신의 힘을 믿으며 살라고 한다. 자기 멋대로

> 거룩한 삶은 가장 깊은 감동을 준다. 등대는 나팔을 불지 않는다. 다만 비출 뿐이다.
> —D. L. 무디

인생을 살라고 한다. 그러나 그것이 바로 위험한 유혹의 시초다. 하이에나는 새끼 사자를 공격할 때 가장 먼저 어미 사자로부터 떨어져 있는 것을 확인한다고 한다. 어미 사자의 간섭이 귀찮다고 자유를 찾아 홀로 떨어진 새끼 사자는 곧바로 난폭한 하이에나 떼들의 사냥감이 된다. 마찬가지로 하나님을 떠난 인간은 언제 악한 세력의 밥이 될지 모르는 연약한 존재다. 스스로를 강하다고 여기며, 자신을 과신하는 교만을 버려라. 생존의 열쇠는 하나님께 '착 달라붙는 것'이다. 세상의 리더십은 '홀로 서기'를 강조하지만, 하나님의 리더십은 '하나님 옆에 끝까지 붙어 서기'를 훈련시킨다. 끝까지 민족을 위한 자신들의 사명을 다하기 위해 의리를 지킨 그들은, 이제 자신의 복을 오래도록 간직하기 위해 하나님께 의리를 지켜야 했다.

마음을 다해 하나님을 섬기라 여호수아는 또한 이들에게 '하나님을 섬길 것'을 명령했다. 여기서 '섬기다'라는 말은 종의 신분으로 주인을 위하여 일하고 봉사하는 것을 의미한다. 여호수아는 섬겨야 할 대상과 섬길 때의 자세를 분명히 언급하고 있다. 하나님은 우리가 섬겨야 할 수많은 주인들 가운데 한 분이 아니다. 오직 그분만이 섬김 받으실 유일하고 참된 주인이시다.

우리는 그분을 어떻게 섬겨야 하는가? 여호수아는 분명히 말한다. "너희의 마음을 다하며 성품을 다하여 그를 섬길지니라." 여기서 '마음'이란 사람의 중심을 의미하고, '성품'이란 살아 있는 동물의 생명력을 의미한다. 즉, "마음을 다하며 성품을 다해 하나님을 섬기라"는 말은 첫째, 가슴속 깊은 곳에서부터 우러나오는 진심으로, 자발적으로 하나님을 섬기라는 뜻이다. 마지못해 억지로 하거나, 혹은 사람들에게 보이기 위해서 위선적으로 섬겨서는 안 된다는 것이다. 둘째, 자신의 모든 생명을 다 바쳐서 목숨을 걸고 섬겨야 한다는 것이다. 적당히, 일시적으로, 부분적으로 섬겨서는 안 된다는 것이다. 어느 노래 가사처럼 "태워도 태워도 재가 되지 않는 불꽃을 피우는 것"이다. 내 인생 전체가 한 줌의 재가 되어 타 버리도록 순도 100%의 정열을 드리고, 최선을 드리라는 뜻이다.

축복과 나눔의 리더십

여호수아는 세 지파를 떠나보내기 전에 그들에게 두 가지 중요한 선물을 주었다. 진정한 사랑은 표현하는 법이다. 사랑을 하게 되면 사랑하는 이에게 무엇이든지 주고 싶어한다. 자신을 따르는 사람들을 진정으로 사랑하는 리더는 그들에게 무언가를 늘 주고 싶어한다.

축복하고 격려하라 여호수아가 백성들에게 준 가장 중요한 선물은 축복 기도와 격려의 말이었다. 리더의 중요한 사명 가운데 빼 놓을 수 없는 것이 바로 팔로워들을 축복하는 일이다. 한 가정의 리더는 아버지다. 성경을 보면 아버지의 가장 큰 특권은 자녀들을 축복하는 것임을 알 수 있다. 아무리 부족하고 능력 없는 아버지라도 자녀의 머리 위에 손을 얹고 기도하면 하나님이 그 기도를 듣고 축복해 주셨다. 이스라엘 왕과 각 지파의 족장들의 우선순위는 하나님께 백성을 위한 축복 기도를 드리는 것이었다. 리더 중의 리더이신 하나님도 끊임없이 사람들을 축복하셨다.

"네 시작은 미약하였으나 네 나중은 심히 창대하리라"(욥 8:7).
"여호와께서 전에 말씀하시기를 이스라엘 사람을 하늘의 별같이 많게 하리라 하셨음이라"(대상 27:23).
"네 소유가 땅 끝까지 이르리로다"(시 2:8).

1988년, 갤럽(Gallop) 조사 기관에 몸 담고 있던 도널드 클리프톤(Donald Clifton) 박사는 관중석에 스포츠 선수의 가족이 앉아 있는 것이 선수의 경기력에 미치는 영향에 대해 연구를 했다. 그 결과, 관중석에서 열광적으로 응원하는 가족이 있는 선수가 아무도 없는 선수보다 훨씬 월등한 경기력을 보였다는 사실을 발견했다.* 나를 아껴 주고 사랑해 주는 사람의 칭찬과 격려야말로 그 무엇보다도 강한 동기 부여가 되고, 그것이 강한 정신력의 원천이 된다.

부모여, 당신은 가정의 리더다. 자녀들에게 얼마나 축복의 말을 하는가? 회사나 관공서의 책임자인가? 당신은 당신의 직원들에게 얼마나 축복의 말을 하는가? 목회자도 비켜갈 수 없다. 목회자로서 가장 큰 특권은 무엇보다 교인들을 위해 축복 기도를 할 수 있다는 것이다. 리더십의 엑기스는 축복의 언어, 축복의 기도를 드리는 데 있다. 당신

---

* Donald Clifton, "A Predict-ive Validity Study of the Basketball Player In-Depth Interview" (The Gallop Organization, 1988).

칭찬하고 격려하라

은 혹시 너무 사람들의 단점만을 비판하며 야단만 많이 치는 리더는 아닌가? 그렇다면 지금이 바로 변화할 때다.

풍성하게 나누라 '심히 많은' 이라는 표현으로 짐작하건대 여호수아는 돌아가는 세 지파에게 예상치도 못한 풍성한 전리품을 선물로 준 듯하다. 이것은 단순한 물질의 문제가 아니다. 리더는 팀으로 함께 일해서 얻은 것들을 자신이 독점하지 않고, 모든 팀원들과 골고루 나누는 마음이 있어야 한다. 재물을 나누었다는 것은 영광을 함께 나누었다는 것과 같은 의미다. 일은 다 같이 해 놓고, 정작 보상은 자기 혼자 받으려고 하는 리더들이 종종 있다. 그것은 아주 이기적인 행동이다. 절대 그래서는 안 된다. 여호수아는 아낌없이 전리품을 이 세 지파들에게 나눠 주었고, 또 그들에게도 선물을 가져가서 그들의 형제들과 나눌 것을 당부했다. 하나님의 리더십은 풍성한 나눔을 실천하는 리더십이다. 재물이 있는 곳에 마음이 있다고 했다. 당신은 얼마나 사람들과 나누는 리더인가?

~•~

「칭찬은 고래도 춤추게 한다」라는 책이 오랫동안 베스트셀러에 올라 있다. 그만큼 칭찬의 힘은 우리의 상상을 초월한다. 자녀를 키울 때도 칭찬의 힘은 적용되어, 칭찬을 많이 듣고 자란 아이들 대부분이 그렇지 못한 아이들보다 훨씬 자신감 있고 긍정적인 가치관을 가지고 자란다는 사실은 이미 우리에게 익숙하다. 물론 필요할 때는 엄하게 대해야겠지만, 더욱 적극적이고 긍정적인 사고를 지닌 아이들로 양육하려면 무엇보다 칭찬을 아끼지 말아야 한다.

리더 역시 마찬가지다. 리더가 다른 사람에게 끼치는 영향력은 아주 크다. 그런 리더의 칭찬 한마디는 많은 사람에게 더할 수 없는 자긍심과 용기를 가져다 준다. 하지만 동시에 칭찬이 단 말이라면, 리더는 권면이라는 쓴 말도 잊지 말아야 한다. 여호수아가 약속을 지킨 용감한 세 지파에게 칭찬과 더불어 영적 권면을 주었듯이, 진정한 리더라면 영혼 깊이 새길 수 있는 권면도 줄 수 있어야 하는 것이다. 그러나 그 권면이 힘이 있으려면 리더 자신이 먼저 모범을 보여야 한다. 여호수아는 권면을 주기 전에 바로 자신이 그런 삶을 살고 있었다.

" 리더의 아름다운 피날레는 후계자 리더에게
성공적으로 리더십을 위임하는 것이다. "

사자의 심장을 가진 리더여,

경험과 지혜를
전수하라

여호수아 23:1-11; 24:14-15, 29-31

　　이제 위대한 리더 여호수아의 시대도 막을 내릴 때가 되었다. 본문에서 그는 죽음을 앞두고 자신의 인생을 마무리할 준비를 한다. 그가 리더로서 어떻게 마무리하는지 살펴보기 전에 그가 어떻게 리더로 준비되었으며, 그가 펼친 리더십의 핵심이 무엇인지 한 번 정리해 보자. 하나님의 사람 여호수아의 리더십 여정은 오늘을 살아가는 우리에게도 훌륭한 본보기가 된다.

여호수아의 리더십 준비

여호수아가 모세의 뒤를 이어 이스라엘 민족 전체의 대지도자가 된 것은 그의 나이 80~85세 정도로 추정된다. 그로부터 가나안 정복 전쟁이 약 7년 반 정도 걸렸고, 점령한 땅들을 하나씩 안정시켜 가는 데 17~18년 정도 걸렸다. 마침내 그가 110세의 나이로 세상을 떠나기까지, 실제 이스라엘의 지도자로서 봉사한 것은 도합 25년 정도 된다. 그러니까 여호수아는 110년 인생에서 85년을 마지막 25년을 위한 준비로 보낸 셈이다. 우리는 조금 준비하고 그것을 오래 우려먹으려고 한다. 그러나 하나님의 리더십 철학은 그렇지 않았다. 모세를 80년 준비시켜서 40년 동안 지도자로 쓰셨다. 다윗을 십 몇 년 동안 광야에서 준비시켜서 이스라엘의 왕으로 세우셨고, 예수님을 30년 동안 침묵 속에서 준비시키셨다가 3년간 일하게 하셨다. "준비된 지도자를 준비된 자리로 보낸다." 하나님의 리더십 철학은 항상 그랬다. 하나님의 리더십은 결코 함부로, 빨리, 대충 급조된 적이 없다.

이스라엘 역사에 있어서 모세와 함께 가장 위대한 지도자로 평가받았던 거인 여호수아. 하나님이 여호수아에게 가나안 정복이라는 엄청난 일을 맡기시기 전까지 그를 어떻게 준비시키셨는가?

고난 여호수아는 애굽 땅에서 노예로 태어난 사람이다. 2백만 이스라엘 민족과 함께 애굽인들의 종살이를 하면서, 그는 무시당하고 핍박받는 것이 무엇인지를 어릴 때부터 피부로 체험했다. 태어난 후 나이 40이 될 때까지, 유년기와 청년기를 혹독한 노예 사슬에 묶인 채 보낸 그

리더여, 사자의 심장을 가져라

는 어지간한 고난에는 쉽게 무너지지 않는 강한 의지력을 다질 수 있었다. 오늘날 우리 교육의 가장 큰 위기 가운데 하나는 아이들 스스로 극복해야 할 장애물들을 부모가 너무 앞장서서 치워 주는 데 있다. 그래서 학교 공부에서 별 어려움 없이 술술 통과한 엘리트 학생일수록, 어른이 되어 사회로 나와 힘든 장벽에 부딪치면 너무 맥없이 무너지는 경우가 자주 있다.

근육은 무거운 아령을 들어올리면서 어느 정도의 고통과 긴장을 줄 때 생기는 법이다. 역설적이지만, 여호수아의 탁월한 리더십은 그의 어린 시절의 처절한 고통 속에서 하나님을 갈망하며 길러진 높은 역경 지수가 밑거름이 되었을 것이다.

순종 뛰어난 사람일수록 남의 밑에 오래 있기를 싫어하는 법이다. 명령을 내리고 싶어하지, 남의 명령에 따르고 싶어하지 않는다. 그런데 여호수아는 뛰어난 자질을 갖고 있으면서도 모세의 리더십 밑에서 40년을 충실하게 섬겼다. 40~80세까지 인생의 황금기를 여호수아는 모세의 리더십 휘하에서 2인자로서 충실히 자리를 지켰다. 결코 자신이 못나서가 아니다. 하나님이 세워 주신 권위임을 확신했기 때문이다. 하나님이 주신 권위에 순복할 줄 아는 사람은 하나님께 순복할 줄 아는 사람이다. 권위는 내가 주장함으로써 생기는 게 아니다. 그것은 자연스럽게 흘러나오는 것이다. 하나님의 리더십 시스템을 통해 흐르는 물과 같은 것이다. 여호수아는 하나님이 세우신 상관의 명령대로 따르는 법을 배웠기 때문에, 부하에게 명령을 내릴 수 있었다. 자기 위에 세운 리더를 존경했고 순종했기에, 자기도 부하들로부터 존경과 순종을 받을 수 있었다.

아무리 뛰어난 선수도 처음에는 좋은 코치에게서 기본기를 철저히 익혀야 한다. 자신의 재능이 조금 있다거나 훈련 방법이 답답하다고 기본 기술을 순종하고 배우지 않으면, 처음에는 빨리 가는 것 같아도 나중에는 큰코다친다. 테니스나 골프 등 대부분의 스포츠는 처음에 정확한 폼을 전문가의 가르침에 순종해서 몸에 배게 하는 것이 필수다. 그렇게 자리가 잡힌 다음에야 개인의 특성에 맞춰 자기만의 스타일을 개발할 수 있다. 인생의 모든 것이 그렇다. 처음에는 좋은 것을 수없이 따라함으로써 시작한다. 하나님이 세우신 좋은 리더십을 순종함으로써 우리는 미래의 좋은 리더로 만들어지는 것이다.

인내 좋은 것을 얻는 데는 시간이 걸리게 마련이다. 여호수아는 이 사실을 억울한 상황을 통해 체험했다. 여호수아와 갈렙의 말을 들었다면 40일이면 들어갈 수 있는 가나안 땅을 이스라엘 백성들의 불신앙 때문에 40년이나 기다렸다가 들어가야 했다. 정말 한심하고 억울한 일이었지만, 여호수아는 묵묵히 그 무지한 동족들과 함께 40년이란 세월을 인내하며 기다렸다.

지도자는 기다리는 법을 배워야 한다. 리더는 다른 사람들보다 훨씬 멀리 보고, 절망적인 상황 속에서도 소망을 잃지 않고 인내하는 사람이다. 아직 떠오르지 않은 태양을 확신하며, 자신과 다른 이들의 영혼을 추스르며 기다린다. 앞으로 승리할 것이라는 비전이 있기에 지도자는 일을 추진한다. 그런데 이스라엘 백성들뿐만 아니라 대부분의 사람들은 너무 자주 뒤를 돌아보고 발길을 옮기는 것이 굼뜨다. 같이 걸어만 줘도 덜 힘들련만, 그들은 때로 질질 끌거나 힘껏 밀고 당겨도 움직이지 않는다. 지도자의 자리에 서 본 사람이면 이 순간이 얼마나 답답하고 힘든지를 알 것이다. 그러나 하나님의 리더는 그런 인고의 세월을 인내하며 기다린다. 그 기다림을 통해 여호수아라는 거인이 준비된 것이다.

여호수아 리더십의 핵심

이렇게 준비된 지도자 여호수아는 위대했던 전임자 모세의 바통을 넘겨받아, 25년이 넘는 세월 동안 실로 엄청난 역사를 이뤄 냈다. 지금까지 우리가 보아 왔던 여호수아의 리더십의 본질은 어떤 것인가?

하나님과 동행하는 삶 여호수아서 전체를 보면, 중요한 사건을 전후해서 항상 여호수아가 하나님과 깊은 교제를 나누는 것을 볼 수 있다. 그가 처음 리더가 되었을 때, 하나님이 요구하신 것은 매일 하나님의 말씀을 묵상하고 순종하며 기도하는 것을 습관화하라는 것이었다. 그는 비록 완전한 지도자는 아니었지만, 하나님과 그렇게 동행하는 한 그의 실수와 단점들은 하나님에 의해 다듬어질 수 있었다.

"지도자는 타고나는 것인가, 만들어지는 것인가?" 아마 둘 다 정답일 것이다. 하나님은 지도자에게 필요한 육체적 · 정신적 · 영적 DNA를 주시고, 인생이라는 학교에서 그 재능과 능력과 인격을 다듬어 가실 것이다. 그러므로 중요한 것은 하나님께 열심히 붙어 있는 것이다. 세상의 리더십은 '홀로 서기'를 가르치더라도, 하나님의 리더는 확실한 '붙어 서기'를 배워야 한다. 평생을 겸손하게 열린 마음으로 하나님께 배우는 것이다. 하나님의 말씀에 늘 귀를 기울이는 것이다. 아직은 '공사중' 이지만, 하나님이 우리를 점차 완숙한 리더로 다듬어 가실 것이다. 자신이 스스로 완전하다고 자랑하는 리더보다, 하나님의 손길로 어제보다 오늘이 차츰 나아지는 리더가 훨씬 멋있다.

용기 여호수아는 사자의 심장을 가진 용기 있는 지도자였다. 하나님의 비전을 행하는 지도자가 되려면 엄청난 용기가 필요하다. 오마 브래들리 장군은 용기를 이렇게 정의했다. "용기는 무서워서 죽기 일보 직전에 있는 순간에서조차 임무를 바르게 수행할 수 있는 능력이다." 전투 경험이라고는 거의 전무한 전직 노예들을 데리고, 당시 중동 지역의 가장 호전적인 수백만 가나안 군대들과 맞선 여호수아가 바로 그런 용기의 지도자였다.

그의 이러한 용기는 도대체 어디서 나온 것인가? 그것은 바로 하나님과 함께 있음을 확신하는 데서 왔다. 그가 리더로 취임한 초기에 여호수아는 '담대하라'는 하나님의 말씀을 네 번이나 듣는다. 그리고 그 말 바로 옆에 항상 붙어 따라온 말씀은 "내가 너와 함께함이라"였다. 인간이 용감하면 얼마나 용감하겠는가? 하나님과 동행할 때 비로소 우리는 용감해질 수 있다. 적과 싸우는 용기도 가상했지만, 여호수아는 내부의 죄를 단호하게 정리하는

일이 어렵기 때문에 해낼 용기가 없는 것이 아니다. 그것을 해낼 용기가 없기 때문에 일이 어려운 것이다 – 세네카

용기도 있었고, 겁에 질려 있는 동족들에게 도전하라고 등을 밀어내는 용기도 있었으며, 아무도 용서할 수 없는 사람들을 용서할 줄 아는 용기도 있었다. 두려움에 떨고 있는가? 하나님의 동행하심을 요청하라. 신비한 용기가 솟아오를 것이다.

팀워크 여호수아는 탁월한 능력을 가진 사람이었지만, 독불장군처럼 모든 일을 독단적으로 처리하는 리더는 아니었다. 총지도자가 된 그 순간부터 여호수아는 이스라엘의 가장 강한 전사들로 구성된 세 지파의 도움을 청했고, 그들의 헌신을 이끌어 냈다. 요단강을 건널 때나 성을 공략할 때, 그는 군사들을 적재 적소에 배치하여 가공할 시너지를 이끌어 냈다. 정복한 땅을 분배할 때도 각 지파의 특성에 따라, 섬세하고 공평한 분배를 했다. 용기가 없어 머뭇거리고 있는 사람들은 등을 쳐서 격려하고, 또 한편으로는 어떻게 하면 잘할 수 있는지를 따뜻하게 코치해 주기도 했다.

리더는 큰일을 하되 자기가 하는 사람이 아니다. 좀 더 정확히 말하자면, 리더는 다른 사람들로 하여금 큰일을 할 수 있게 해 주는 사람인 것이다. 리더는 자기가 성공하는 사람이 아니라, 다른 사람들로 하여금 성공할 수 있게 해 주는 사람이다. 여호수아는 자신의 능력만 믿고 행동하지 않고, 하나님이 기뻐하시는 절묘한 팀워크를 만들어 낼 줄 아는 훌륭한 리더였다.

이런 지도자 여호수아는 이제 자신에게 주어진 리더십 사명을 거의 다하고 죽음을 눈앞에 두었다. 이스라엘 백성과 지도자들 앞에 선 그는 마지막 역시 아름답게 맺는다. 여호수아는 두 번에 걸친 유언을 남겼다. 첫 번째는 지도자들에게 유언을 했으며(23장), 그 다음에는 전 이스라엘 백성들을 한 자리에 모아 놓고 마지막 당부를 했다(24장).

리더들을 위한 메시지

여호수아가 먼저 소집한 이스라엘의 지도자들은 몇 가지 부류로 나누어진다. 첫째는 장로들로서 연장자들, 노인들과 어른들을 일컫는 말이었다. 둘째는 두령들이었는데, 이들은 연장자들 중에서도 그 리더십과 지혜를 인정 받아 각 지파와 족속의 우두머리들로서 영향력을 행사하고 있는 실력자들을 가리킨다. 셋째는 재판장들이었는데, 이들은 백성들 사이에서 일어나는 모든 분쟁과 법정 재판을 판결해 주는 법조인들을 말한다. 넷째는 유사들이었는데 이것은 오늘날의 행정 관료와 공무원들을 가리키는 말이다.

그 당시 여호수아의 나이는 110세에 가까웠다. 대지도자 여호수아가 전국의 지도자들을 불러 모으자, 그 자리에 모인 모든 사람들은 그것이 그의 마지막 유언이 될 것이라고 짐작했다. 그들은 죽음을 앞두고 기력이 다한 여호수아를 긴장하며 바라보고 있었다. 지난 날 그가 지휘봉을 잡고 나서면 수십만의 적군과 맞붙어도 백전 백승이었다. 수십 년 동안 여호수아의 리더십을 따랐을 때, 기적이 상식이 되었다. 기라성 같은 지도자들도 하나님의 권능이 여호수아에게 임하고 있음을 알고 있었기에 아무도 도전하지 못했다. 그러나 이제 여호수아가 죽고 나면 누가 이들에게 인생의 지혜를 가르치며 앞길을 인도해 줄 것인가? 여호수아는 자신의 마지막 남은 힘을 모아, 지금까지 살아오면서 깨달은 모든 영적 지혜를 모아 천근의 무게를 담은 유언을 남기려는 것이었다.

겸손하라 그들은 살 만큼 살았고, 알 만한 것은 이미 다 아는 지도자들이었다. 따라서 여호수아는 거두 절미하고 바로 본론부터 꺼냈다. 이 기라성 같은 이스라엘 민족의 지도자들에게 여호수아가 가장 먼저 권면한 것은 겸손이었다. 지도자들이 가장 쉽게 빠질 수 있는 함정은 교만이다. 가장 드러나는 존재이기 때문에 자신들이 모든 것을 다 해낸 것처럼 착각하기 쉽다. 사실은 수많은 사람들이 구석구석에서 주어진 책임을 다했고, 미우나 고우나 전임자들이 뿌려 놓은 씨들이 있었으며, 그 모든 일 뒤에 하나님이 계셨기 때문인데, 많은 지도자들이 마치 혼자 다 이룬 것처럼 착각한다.

　여호수아는 23장 3-5절에서 이스라엘 민족의 과거, 현재, 미래의 사활이 하나님 손에 달려 있음을 상기시킨다. 하나님이 대신 싸워 주심으로 막강한 적들을 물리칠 수 있었고, 하나님이 각 지파의 특성에 따라 땅을 지혜롭게 나눠 주셨으며, 미래에도 남은 땅을 모두 순조롭게 차지할 수 있도록 도와주실 것이었다. 이 모든 것이 오직 하나님이 행하신 일임을 철저히 다시금 인식하고, "교만하거나 방자해지지 말라"는 것이다.

순종하라 두 번째로 여호수아는 모든 지도자들에게 하나님의 말씀을

경험과 지혜를 전수하라

철저하게 순종할 것을 명령했다. "크게 힘써 모세의 율법 책에 기록된 것을 다 지켜 행하라"(6절). 여기서 '크게 힘쓰라' 는 말은 '착 달라붙어 단단히 결심하고' 란 의미다. 하나님의 말씀을 듣고 행하는 데는 매우 강력한 의지가 필요하다는 사실을 뒷받침하는 말이기도 하다.

지도자는 많은 사람들에게 영향을 주는 사람이지만, 동시에 많은 사람들이 영향을 주기 원하는 대상이기도 하다. 수많은 사람들이 리더를 맨 꼭대기에 올려 놓고 흔들려고 한다. 갖가지 감언 이설과 전문가들의 그럴듯한 이론과 협박과 비방들로 지도자의 초심(初心)을 흩뜨리려 한다. 그래서 여호수아는 단단히 마음먹고 하나님의 말씀만을 순종하라고 당부한다. 리더로서의 당신은 지금 너무 많은 사람들의 말에 흔들리고, 너무 많은 사람들의 비위를 맞춰 주려고 하는 것은 아닌가? 여론 수렴도 중요하지만, 하나님의 말씀을 듣는 데 '크게 힘쓰고' 있는지 먼저 점검해 봐야 한다.

하나님만 섬기라 지도자들에게 여호수아가 남긴 세 번째 부탁은 다른 신들을 섬기지 말라는 것이었다. 하나님만 섬기기 위해서 그는 우선, 다른 신들을 섬기는 가나안 사람들과 오고 가며 교제하지 말라고 했다. 가나안 사람들은 폭력과 음란과 황금을 상징하는 여러 신들을 예배했다. 인간은 자신이 경배하는 대상을 닮게 되어 있는 까닭에 가나안 사람들은 폭력적이고 음란했다. 그리고 물질 만능주의 문화에 젖어 있었다. 돈이면 무엇이든지 다 된다고 생각했다. 가나안에 무신론자는 없었다. 사람들은 모두 돈이라는 신, 권력이라는 신, 섹스라는 신을 섬기고 산다. 아니면 하다못해 자기 자신이라도 신격화했다. 이것이 비단 이스라엘만의 얘기가 아니라는 사실을 우리는 부인할 수 없다. 이 모든 신들은 당장에는 내게 무언가를 줄 것 같지만, 결국에는 내 영혼을 파괴시켜 버린다. 그래서 여호수아는 이들과 절대 교제하지 말라고 하는 것이다.

또한 다른 신들의 이름을 부르지 말라고 했다. 여기서 히브리어 '부르다'는 '기억하여 언급하는 것'을 가리킨다. 우리는 비판하는 척하면서 은근히 사회의 음란하고 폭력적인 이슈들을 자꾸 화제로 올려 언급한다. 화제 내용을 보면 그 사람의 마음과 생각의 방향을 어느 정도 짐작할 수 있다. 그러므로 멀리해야 할 것은 입술에서부터 끊어야 한다. 생각에서부터 끊어야 한다. 지도자의 언어와 생각이 깨끗해야 그의 리더십이 깨끗해지고, 그래야 그가 내리는 결정과 그의 영향력을 받는 사람들이 깨끗해진다.

팔로워들을 위한 메시지

지도자들을 향한 당부를 끝낸 후 여호수아는 이스라엘 백성을 다 불러 모았다. 지도자들에게 한 마지막 연설에서는 처음부터 단도 직입적으로 하나님의 말씀을 철저히 순종하며 살 것을 강하게 요구했다. 그러나 백성들에게는 접근 방식을 달리해서 상당히 긴 부분을 이스라엘의 지난 역사 속에 함께하셨던 하나님을 상기시키는 데 할애한다. 여호수아서 마지막 24장에서는 '여호와(하나님)'라는 단어가 무려 21번이나 나온다. 이것은 이스라엘 민족의 역사, 그들 한 사람 한 사람의 인생은 하나님이라는 틀 밖에서 결코 생각할 수 없다는 것을 상징한다.

택하심의 은혜를 기억하라 백성들이 첫 번째로 기억해야 할 것은 하나님의 선택이다. 하나님이 이스라엘 민족을 택하셨다. 잘나서가 아니라, 그냥 아무 대가 없이 택해 주신 것이다. 내가 하나님을 먼저 찾은 게 아니고, 하나님이 나를 먼저 찾아오신 것이다. "내가 그의 이름을 불러 주기 전에는 그는 다만 하나의 몸짓에 지나지 않았다"라는 유명한 어느 시의 한 구절처럼, 하나님이 우리 이름을 불러 주시기 전에 우리는 아무것도 아니었다. 노예에 지나지 않던 이스라엘 민족이 이제 좋은 땅에 나라까지 세울 수 있었던 것은 전적으로 하나님의 은혜였다. 이 사실을 결코 잊어서는 안 된다는 것이다.

하나님의 리더십을 기억하라 두 번째로 기억해야 할 것은 하나님의 리더십이다. 하나님이 이스라엘을 인도하셨다. 노예의 땅 애굽에서 해방시켜 주셨고, 홍해를 가르고 바다 한가운데로 인도하셨고, 물도 양식도 없는 험한 광야 가운데로 인도해 오셨다.

인생과 역사는 그냥 아무렇게나 흘러가는 것이 아니다. 역사에도 다 길이 있고, 흐름이 있다. 역사(history)는 'his story', 즉 '하나님, 그분의 이야기'인 것이다. 역사에는 분명한 섭리가 있고, 의미가 있고, 이유가 있고, 하나님의 계획이 있다. 내 맘대로 살아온 것 같지만, 사실은 하나님의 인도하심을 따라 여기까지 온 것이다. 나와 네가 무슨 상관이 있느냐 싶지만, 모든 사람이 각자 다른 길을 가는 것 같지만, 결국에는 그분의 큰 계획 안에서 우리는 서로 연결되어 하나의 큰 그림을 이뤄 간다는 사실을 발견한다. 과거 속에서 하나님의 계획, 하나님의 동행하심, 하나님의 인도하심을 발견하는 것, 이것이 제대로 된 역사 의식이다.

축복을 기억하라 세 번째는 하나님의 축복이다. 하나님이 이스라엘을 축복하셨다. 축복은 받을 자격이 없는 존재에게 주어지는 선물이다. 여기에 조건은 없다. 사랑하기 때문에 그냥 주는 것이다. 하나님은 이스라엘을 모든 적들의 공격으로부터 보호해 주셨다. 이유는 없다. 사랑하기 때문에, 사랑하는 사람이 다치는 것을 원치 않기 때문이다. 이것이 바로 하나님의 마음이다. 돌아보면 모든 것이 하나님의 은혜였다. 이스라엘은 도저히 이길 수 없었던 싸움들을 이겼고, 굶어 죽을 수밖에 없는 절박한 상황 속에서도 하나님이 공급해 주시는 식량으로 살았고, 오갈 데 없는 유랑민이 될 수 있었음에도 하나님이 허락하신 땅에서 정착하게 되었다. 이 모든 것이 하나님과의 관계 속에서 온 것이다. 여호수아는 "너희가 수고하지 않았는데도 이 모든 것이 생겼다. 하나님 때문에!" 하고 거듭 강조한다.

거인 여호수아의 기나긴 유언의 피날레는 민족의 결단을 촉구하는 것이었다. 그는 백성들에게 "나와 내 집안은 평생 하나님만 섬기고 헌신할 텐데, 너희들은 어떻게 할 것인가?" 하며 단호하게 물었다. 아마 전 이스라엘 백성들은 정신이 번쩍 들었을 것이다. 여호수아는 인간의 마음이 얼마나 간사한가를 알고 있었다. 가나안 정복 전쟁이 끝난 지이제 10년 조금 지났을 뿐인데, 이스라엘 백성이 전보다 좀 더 살 만해졌다고 점점 오만해지고, 하나님을 두려워하지 않는 조짐이 있음을 느끼고 있었던 것이다. 그래서 죽기 전에 다시 한 번 이들의 마음을 매섭게 다잡아 놓으려는 것이었다. 성공을 이루기는 너무나 힘들고 더디지만, 무너지는 것은 순식간임을 아는 까닭이다.

여호수아는 민족의 미래를 논하는 데 있어서, 그 당시 급변하고 있는 국제 정세나 어려운 경제 상황 같은 외적인 요소들은 일체 언급하지 않았다. 가장 중요한 것은 하나님과의 관계였다. 그는 물론 현실은 언제나 어렵다는 것을 잘 알고 있었다. 주위의 다른 나라들은 사납고 강하고 교활하며, 경제는 언제나 어렵다. 그러나 당면한 현실이 아무리 어려워도 하나님을 꽉 잡고 있으면 언제나 길이 열렸다. 항상 승리하고, 풍성하게 누리며, 주변 국가들이 함부로 대하지 못했다. 가장 중요한 것은, 백성들의 마음이 겸손하고 하나님께 집중되어 있느냐 하는 것이었다. 하나님께만 집중되어 있다면 항상 소망이 있었다. 아무리 힘든 세계 정세 속에서도 든든했다. 그러나 그것이 무너지면, 즉 하나님께로부터 떠난다면 축복의 땅은 저주의 땅으로 변하게 될 것임을 경고했다.

오늘날 우리 한국도 똑같은 도전에 직면해 있다. 우리 민족이 하나님만 섬긴다면, 애국가 가사처럼 "하나님이 보우하사 우리 나라 만세"일 것이다. 그것이 거인 여호수아의 유언이 오늘날 우리에게 주는 메시지다.

🌸 리더의 피날레

- 후계자 리더에게 리더십을 위임하라.
- 공동체에 영적 유산을 물려주라.
- 공동체를 하나님의 리더십에 맡기라.

리더여, 사자의 심장을 가져라!

2001년 9월 11일, 우리는 더는 잔인할 수 없는 장면을 목격해야 했다. 테러리스트들이 납치한 두 대의 항공기가 미국의 뉴욕 한복판에 우뚝 서 있는 월드 트레이드 센터 트윈 빌딩에 충돌하자, 검은 연기와 불꽃이 치솟았고 곧 이어 110층짜리 거대한 두 건물이 순식간에 붕괴되었다. 그런데 더욱 놀라운 것은, 월드 트레이드 센터의 첫 번째 건물에 항공기가 충돌한 직후, 목숨을 걸고 사람들을 구하러 들어간 수백 명의 소방관들과 경찰관들이 그로부터 약 1시간 후에 빌딩이 무너져 내리면서 한꺼번에 모두 목숨을 잃었다는 사실이다. 정말 감동적인 용기가 아닐 수 없다.

1991년도이던가, 미국 샌프란시스코에서 발생했던 대지진 사건을 기억하는가? 갑자기 일어난 지진으로 이중 고가도로의 위층이 1마일 정도에 걸쳐 통째로 내려앉아 수많은 사람들이 수백 대의 찌그러진 자동차 안에 갇히고 말았다. 그 자리에서 즉사한 이들도 있었지만, 생명을 건졌으나 차에 다리가 끼어 나오지 못하는 사람 등 고통 속에서 애타게 구원의 손길을 기다리던 사람들도 있었다. 그때 그들의 신음을 외면하지 않고, 계속되는 여진으로 언제 다시 붕괴될지 모르는 극한 상황임에도 수십 명의 시민들이 목숨을 걸고 그들을 구하러 들어갔다. 그 가운데 어떤 외과 의사는 아예 유서를 써 놓고 들어가서, 손전등과 칼 하나만 들고 아비 규환의 현장으로 들어가 백여 명에 달하는 사람들을 그 자리에서 절단 수술을 해서 구출해 냈다. 그야말로 사자의 심장과 같은 용기를 보여 준 영웅들이다.

누구나 어릴 때는, 특히 남자아이들은 수시로 누가 더 용감한가를 견주면서 서로 자기가 제일 용감한 자라고 우긴다. 그러나 어른이 되어 갈수록 느끼는 것은 결정적인 순간에는 내가 얼마나 비겁한 사람인가 하는 것이다. 당사자가 없을 때는 큰소리치다가도 정작 그 사람 앞에 서면 할 말을 못 하고, 말로는 천하를 휘어잡을 것처럼 하다가도 막상 실제로 나서서 일을 해야 할 때는 뒷걸음질치는 것이 바로 우리의 실상이다.

누군가 이런 말을 했다. "싸움은 항상 용감한 자와 비겁한 자의 대결이 아니라, 둘 다 비겁한 자인데 5분 더 버티는 자가 이긴다." 가장 용감해 보이는 사람도 속에는 다 겁쟁이의 기질들이 있는 것이다. 특히 뭔가 새로운 일에 도전할 때 우리의 가슴에는 두려움이 몰려온다. 새로운 학교에 전학한 학생의 등교 첫 날의 두려움, 새로운 사업을 시작했을 때의 두려움, 새로운 직장으로 옮긴 사람이 느끼는 두려움, 군대에 갓 입대한 사병의 두려움, 처음으로 강력한 상대와 마주한 스포츠 선수의 두려움, 처음으로 중직에 올랐을 때의 두려움…. 아무리 용감한 사람이라도 삶의 새로운 도전 앞에서는 떨 수밖에 없다. 여호수아서의 메시지는, 바로 인생의 결정적 터닝 포인트에 선 지금 어쩔 수 없는 두려움에 사로잡혀 있는 당신을 위한 것이다.

성경에서 하나님이 가장 자주 반복하신 명령이 무엇일까? "서로 사랑하라"라는 말씀일까? 이것이 예수님이 주신 가장 핵심적인 가르침이요, 가장 크고 중요한 계명인 것은 분명하다. 그러나 그것이 하나님이 가장 자주 주신 명령은 아니다. 그렇다면 "겸손하라"는 말씀인가? 인간의 가장 무서운 죄가 교만이며, 예수님이 보여 주신 가장 아름다운 성품이 겸손인 것은 사실이다. 그러나 그것이 하나님이 가장 자주 주신 명령은 아니다. "정직하라, 순결하라, 전도하라, 기도하라, 이웃을 도우라" 등의 말씀도 중요한 기독교의 가르침이기는 하지만 가장 자주 하신 명령은 아니다.

성경에서 가장 자주 나오는 하나님의 명령은 놀랍게도 "두려워 말라"이다. 성경에는 "두려워하지 말라"는 말이 365번 정도 나온다고 한다. 즉 이것은 일년 내내 매일같이 우리가 기억해야 할 명령인 것이다. 왜 하나님은 우리에게 두려워하지 말라는 명령을 그토록 자주 하시는 것일까? 두려움이 뭐가 그렇게 중요한 문제란 말인가? 두려움이 많아서 교회에서 출교된 사람은 아무도 없다. 그런데 왜 그토록 강조하시는 것일까? 그것은 두려움이야말로 하나님이 주신 사명을 시작하기도 전에 우리를 침몰시키는 가장 큰 원인이기 때문이다. 대부분 하나님이 인간에게 두려워 말라고 명령하실 때는 정말 두려워할 만한 상황을 앞에 두고 있을 때이다. 그러나 하나님을 믿고 도전하면 반드시 이룰 수 있고, 그만큼 믿음이 성장하는 축복의 관문이 되기도 한다. 그런데 두려움이 바로 그 축복을 따먹을 수 있도록 우리가 도전하는 것을 막아 버리는 것이다. 그래서 하나님은 그토록 자주 "두려워하지 말라"라고 명령하시는 것이다.

성경이 거듭해서 지적하고 있는 것은, 대부분의 경우 두려움이 우리의 인생을 병들게 하고 파괴한다는 것이다. 우선 두려움은 자신감을 죽이고, 열등감을 조장한다. 정신심리학자들의 분석에 의하면, 놀랍게도 전혀 열등감이 없어 보일 정도로 능력이 많고, 성공한 것처럼 보이는 사람들도 지속적인 열등감을 지니고 있다고 한다. 주위 사람들이 아무리 인정하고 박수를 보내 줘도 그들은 그것을 완전히 믿지 않고, 끊임없이 불안해하며 걱정한다는 것이다. 그래서 그들은 완벽하게 하지 못할 바에야 아예 시도하지 않는 것이 좋다고 생각한다. 잘못해서 사람들의 웃음거리가 되느니, 아예 고개를 숙이고 가만히 있는 것이 안전하다고 믿는다. 그러나 당신이 실패를 두려워하며 새로운 장애물에 과감히 도전하지 않는다면, 결코 더 높은 단계로 성장할 수 없다. 그렇다면 이 두려움의 문제를 과연 어떻게 해결할 수 있을까?

두려움의 반대는 용기이다. 고대 헬라 사람들은 인간의 성품 중에서 용기를 가장 큰 덕목으로 쳤다. 왜냐하면 아무리 뛰어난 장점이 있어도 그것을 적시에 사용할 용기가 없으면 아무 소용이 없기 때문이다. 12세기 아랍의 명장 살라딘과 자웅을 겨뤘던 영국의 전설적인 제왕 리처드 1세의 별명은 사자왕이었다. 그의 사자와 같은 용맹과 용기 때문에 붙여진 것이다.

엘리트와 리더의 차이는 바로 이 용기와 결단력의 차이가 아닐까?

엘리트는 탁월한 아이디어들을 머리에 잔뜩 담고 있지만, 그것을 실행하는 힘은 약하다. 그러나 리더는 자신의 가슴에 확신이 오면 하나의 비전을 위해 모든 것을 던지며 뛰어든다. 나는 너무나 탁월한 머리와 실력을 가진 사람들이 두려움에 사로잡혀 아무것도 못하고 회한만 잔뜩 남긴 채 서글픈 인생을 사는 것을 수없이 목도했다. 동시에 열악한 환경에 평범한 재능을 가졌지만 하나님을 믿고 맡겨진 사명에 과감히 자신을 불사른 사람들에게 부어지는 엄청난 축복도 보았다. 그러면 하나님이 여호수아를 통해서 우리에게 가르쳐 주시는 용기는 어떤 모습인가?

문제에 정면 돌파하라 하나님은 여호수아가 막 리더가 된 후에, 주저하지 말고 요단강을 건너 가나안 땅으로 들어가라고 명령하셨다. 인류 역사의 터닝 포인트를 만든 주역들 가운데는 압도적으로 군인들이 많다. 그들은 다른 사람들이 두려워하고, 걱정하며, 계산하고 있는 사이 주저 없이 문제를 향해 용감하게 도전했다. 두려움에 젖어 있는 많은 사람들이 모르고 있는 것이 한 가지 있다. 그것은 바로 두려워하며 걱정하고 있느니, 차라리 문제에 정면 도전하면 뜻밖의 길이 열린다는 사실이다. 시험이 걱정되면 공부해 버려라. 어둠이 무서우면 불을 켜 버려라. 죽음이 두렵고 종말이 두려우면 예수님을 믿어 버려라. 왜 주저하고 있는가? 당신 인생의 돌파구는 뜻밖에 쉽게 열릴 수 있다.

하나님이 당신을 향한 위대한 꿈을 갖고 계심을 믿으라 위대한 지도자 모세의 후계자가 된 새 지도자 여호수아가 얼마나 힘든 상황에 있었는지를 상상해 보라. 모세가 누군가? 애굽의 왕자로 태어나서 톱 클래스의 교육을 받은 엘리트다. 광야에서 연단된 영성을 가진 하나님의 사람으로서 그가 지팡이를 들면 홍해가 갈라졌고, 애굽의 군대가 삽시간에 고기밥이 되었다. 그가 기도하면 하늘에서 떡이 내렸고, 사막에서 샘물이 터졌다. 절대적인 능력의 리더십으로 이스라엘 백성들을 40년 동안 이끌었던 모세의 존재는 백성들에게 있어서 가히 절대적이었다. 그러던 그가 약속의 땅 문턱에서 갑자기 죽고, 이제는 여호수아가 그 자리를 잇게 된 것이다. 탁월한 지도자의 후임자는 잘해야 본전이라는 말이 있는데, 바로 그 격이었다.

여호수아도 보통 사람은 아니었지만, 자신의 선임자 모세의 위대성을 생각하니 주눅이 들지 않을 수 없었다. 게다가 이제 약속의 땅으로 들어가 그 땅 백성들과 한바탕 전쟁을 치러야 했다. 그 땅 백성들은 오랜 세월의 전쟁을 통해 다져진 전사요, 거인들이었고, 그들의 성은 요새화되어 있었다. 본격적인 전투 경험 한 번 없는 노예 출신의 백성들을 데리고 과연 어떻게 할 것인가? 용감한 여호수아지만, 워낙 자기 어깨에 지워진 책임감이 막중했고 가진 자원은 없었기에 한없이 두려울 수밖에 없었을 것이다. 여호수아의 두려움을 아시는 하나님은 그에게 나타나셔서 말씀하셨다. "나의 종 모세는 죽었다. 이제 너는 모든 이스라엘 백성을 이끌고 요단강을 건너 내가 그들에게 준 약속의 땅으로 들어가라. 내가 모세에게 말한 대로 너희 발이 닿는 곳마다 그 땅을 다 너희에게 주겠다." 모세가 아무리 위대한 지도자라도 인간인 이상 그는 죽는다. 하지만 사람이 바뀌어도 하나님의 비전은 계속된다. 그러므로 하나님의 비전을 실천하는 당신은 어떤 어려움에도 무너지지 않고 승리할 것이다.

두려움을 이기는 가장 확실한 해답은 비전을 확신하는 것이다. 당신의 비전은 당신의 인생을 결정한다. 낙제를 면하기 위해 공부하는 사람과 A학점을 따기 위해 공부하는 사람의 인생이 완전히 다를 수밖에 없지 않겠는가? 크고 정확하신 하나님의 비전을 가슴에 품어라. 그리고 그것이 하나님의 뜻이라면 어떤 장애물에도 불구하고 반드시 이뤄질 것을 믿으라.

하나님이 함께하심을 확신하라 하나님은 말씀하신다. "너는 조금도 두려워하거나 무서워하지 말아라! 네가 어디로 가든지 너의 하나님 나 여호와가 너와 함께하겠다." 두려움을 이기는 결정적인 해법은 하나님이 함께하심을 확신하는 것이다. 두려움은 대부분 문제의 크기가 내가 가진 자원보다 훨씬 크다고 생각될 때 온다. 그러므로 내가 커지면 문제는 상대적으로 작아지고, 두려움도 없어지게 된다.

아주 어릴 때는 버스 타고 다른 동네 한 번 가는 것도 대단한 용기를 필요로 했다. 그러나 이제는 비행기 타고 지구 저편에 가는 것도 뭐 그러려니 한다. 내가 커지니까 문제가 작아지고, 두려움이 사라지는 것이다. 사람들이 계속 두려워하는 것은 늘 자신이 가진 자원만으로 문제를 해결하려 하기 때문이다. 그렇다면 하나님을 모르는 사람들은 인생 살기가 얼마나 힘들겠는가? 우리의 삶 가운데 구직, 결혼, 질병 등 실제로 부딪히는 문제들은 만만치가 않다. 가나안 정탐을 다녀와서도 그 땅을 정복할 수 있다고 말했던 용사 여호수아였지만, 실제 상황에 직면해 보니 결코 쉽지 않음을 몸소 느낀 것이다.

리더여, 사자의 심장을 가져라

내 돈 1억을 투자해 사업을 하라고 하면 아마 선뜻 나서지 못할 것이다. 반면 빌 게이츠가 1억을 투자해 준다면, 그의 돈 1억 정도는 아무렇지 않게 여길 것이며, 빌 게이츠라는 명성만으로도 우리는 마음을 놓을 것이다. 가나안 점령은 상식적으로 볼 때 불가능한 전쟁이었다. 그러나 하나님이 함께하시면 아무 걱정이 없는 전쟁인 것이다. 자, 그렇다면 어떻게 하나님이 나와 함께하심을 확신할 수 있는가? 아직 하나님을 모르는 사람은 말씀을 통해 하나님을 믿어야 한다. 자기 자신의 능력만 믿고 이 무서운 세상의 장애물들을 어떻게 넘어가겠는가? 당신은 전능하신 하나님을 그분과 함께 인생을 걸어 나가야만 한다. 또 이미 하나님을 믿고 있는 사람은 말씀을 통해 하나님을 제대로 예배해야 한다.

문제보다 크신 하나님께 집중하라 두려워하는 것은 문제에만 집중하기 때문이고, 문제에만 집중하는 까닭은 문제보다 더 크신 하나님의 임재를 보지 못하기 때문이다. 하나님의 임재를 잘 경험하지 못하는 것은 살아 있는 예배를 드리지 않기 때문이다. 예배(Worship)를 하나님이 그토록 강조하시는 까닭은, 우리가 예배를 통해서 비로소 문제에만 쏠려 있던 우리의 마음을 문제보다 훨씬 크신 하나님께 집중시킬 수 있기 때문이다. 그분을 찬양하고 그분의 목소리를 들음으로써, 우리는 현실의 태산 같은 장벽을 넘을 수 있는 사자의 용기를 가질 수 있는 것이다.

살아 있는 예배의 핵심은 말씀이다. 그래서 하나님은 여호수아에게 두려워하지 말 것을 말씀하시면서, 두려움을 극복하는 방법으로서 주야로 말씀을 묵상하라고 하시는 것이다. 사람에게서 나오는 말들은 "안 된다", "어렵다", "불가능하다"는 얘기뿐이다. 그 소리들만 듣고 있으면 낙담되어서 아무것도 못한다. 우리는 하나님의 말씀을 들어야 한다. input이 좋아야 output이 좋은 법이다. 쓰레기를 넣은 상자에서는 쓰레기밖에는 나오지 않는다. 당신이 늘 보고, 듣고, 느끼는 것들은 당신의 영혼에 input data를 넣는 것과 같다. 당신은 영혼에 무엇을 집어넣고 있는가?

묵상한 말씀은 하나도 빠짐없이 순종해야 한다. 하나님은 "네게 명한 율법을 다 지켜 행하고 좌로나 우로나 치우치지 말라"(1:7)고 하셨다. 즉 말씀을 하나도 소홀히 하지 말고 정성껏 지키라는 명령이다. 프라미스 키퍼스(Promise Keepers)의 창시자 빌 맥카트니 감독의 스토리는 하나님의 말씀에 온전히 순종한다는 것이 얼마나 어려운 것인지, 그러나 그것이 얼마나 가치 있는 것인지를 우리에게 보여 준다. 그는 미국의 모든 교회들이 쉬쉬하며 건드리지 못하고 있던 인종 차별 문제를 정면으로 드러냈고, 범국민적인 회개를 촉구했다. 기독교 국가라 하면서도 100여 년 전까지 노예를 짐승처럼 사고 팔았던 미국 크리스천들의 위선과 흑인들을 여전히 무시하고 경멸하는 인종 차별주의에 정면 도전한 프라미스 키퍼스는 초창기 많은 기존 보수 백인들의 반대를 받았다. 그러나 맥카트니는 그것이 바로 하나님의 마음임을 알았고, 두려움 없이 밀어붙였다. 도시마다 수만 명의 남자들이 스타디움에 운집, 불길과 같은 회개와 부흥의 운동이 미국 전역을 휩쓸었다. 그는 여호수아처럼 하나님이 주신 사자의 심장을 가진 리더였던 것이다.

성경이 가르치고 있는 것과 다른 내용을 가르치는 것을 이단이라고 하는데, 그 어떤 이단 사상보다도 더 지독한 이단이 바로 두려움이다. 왜냐하면 두려움은 마치 우리 하나님이 작고 능력 없으며, 내 상황에 별로 관심 없는 분으로 여기는 것과 다름이 없기 때문이다. 당신이 하나님을 온전히 의지하고 용감하게 문제에 도전해 보지 않는다면 그분의 위대하신 능력의 크기를, 그분의 신실하심을 확인할 길이 없다. 낙하산의 파워를 실감하려면 일단 절벽에서 점프해 봐야 한다. 루스벨트 대통령의 사자후를 나는 사랑한다. "실패하더라도 어렵고 힘든 일 그리고 거대한 장벽에 용감하게 도전해 보는 것이, 승리도 패배도 아닌 회색 지대에 숨어서 즐거움과 고통을 다 피하려고 아무것도 시도하지 않는 불쌍한 자들의 틈에 끼는 것보다 훨씬 낫다."

당신이 부모라면 당신은 한 가정의 리더다. 곧 기성 세대가 될 사람이라면 신세대의 리더이기도 하다. 직장에서 리더 위치에 있을 수도 있다. 우리는 모두 이런 저런 모습으로 리더 자리에 서 있거나, 앞으로 리더가 될 것이다. 시시각각 결정 내리고 행동하기가 솔직히 두렵지 않은가? 여호수아처럼 하나님을 믿고 그분의 말씀을 좇아 한 걸음씩 나아가라. 그러면 어떤 경우에서도 담대할 수 있다. 하나님과 함께하는 리더여, 사자의 심장을 가져라!